高职院校班级特色活动100例

主　编　庄庆滨

副主编　董丽华　黄碧峰

华南理工大学出版社
SOUTH CHINA UNIVERSITY OF TECHNOLOGY PRESS
·广州·

图书在版编目（CIP）数据

高职院校班级特色活动 100 例 / 庄庆滨主编. —广州：华南理工大学出版社，2023. 10

ISBN 978 -7 -5623 -7416 -9

Ⅰ. ①高… Ⅱ. ①庄… Ⅲ. ①活动课程 - 教案（教育） - 高等职业教育 Ⅳ. ①G718. 5

中国国家版本馆 CIP 数据核字（2023）第 159767 号

Gaozhi Yuanxiao Banji Tese Huodong 100 Li

高职院校班级特色活动 100 例

庄庆滨　主编

出 版 人： 柯　宁

出版发行： 华南理工大学出版社

（广州五山华南理工大学 17 号楼，邮编 510640）

http://hg. cb. scut. edu. cn　E-mail：scutc13@ scut. edu. cn

营销部电话：020 -87113487　87111048（传真）

责任编辑： 黄冰莹

责任校对： 王洪霞

印 刷 者： 广东虎彩云印刷有限公司

开　　本： 787mm ×960mm　1/16　**印张：** 16　**字数：** 312 千

版　　次： 2023 年 10 月第 1 版　**印次：** 2023 年 10 月第 1 次印刷

定　　价： 78. 00 元

编 委 会

前 言

班级是学校教育管理的基层单位，是学生学习生活的正式组织。大学生班级是高校落实立德树人和实施“三全育人”的基础机构，是高校开展思想政治教育和发挥组织育人的重要载体。《关于进一步加强和改进大学生思想政治教育的意见》中指出：“班级是大学生的基本组织形式，是大学生自我教育、自我管理、自我服务的主要组织载体。要着力加强班级集体建设，组织开展丰富多彩的主题班会等活动，发挥团结学生、组织学生、教育学生的职能。”

在职业教育改革背景下，面对高职院校生源模式多元化、班级类型多、学生综合素质参差不齐、培养周期不规律等实际情况，通过设计、组织、开展各类班级主题活动，积极引导学生主动参与，强化活动思想引领价值，有助于进一步促进学生综合素质和专业技能的提升，增强班级凝聚力和归属感。同时，班级活动中所包含的育人实践成果和要素可成为“课程思政”的抓手和素材，“课程思政”则为班级活动提供理论指导，使课堂教学与活动育人相统一、相融合，提升班级活动的育人功能和成效。

依托广东省高校骨干辅导员工作室建设（高职班级建设方向），广东省外语艺术职业学院联合省内10所高职院校成立班级建设“十校联盟”，促进高职院校班级建设共商共享。近年来，10所高职院校班级以习近平新时代中国特色社会主义思想为指导，围绕集中学习重要会议精神、纪念重要节日、学习政治理论、弘扬中华优秀传统文化、了解国际形势政策与社会热点等内容，开展了形式多样、内容丰富、具创新性的班会和主题教育实践活动，强化了学生政治素养和能力提升，加强了班级和团支部自身建设。经过收集整理，形成一批育人效果明显、具有推广价值、体现专业特色的主题班级活动典型案例，对高职院校班级开展班、团活动及提升育人成效具有一定启发、借鉴和示范作用。

本书系广东省高校骨干辅导员工作室建设（高职班级建设方向）、广州市哲学社会科学发展“十四五”规划2021年度共建课题“‘三全育人’体系下高校辅导员角色定位与作用发挥研究——以‘班级建设’工作职能为例”（项目编号：2021GZGJ176）、2022年度广东省教育科学规划课题（高等教育专项）

“职教改革背景下高职院校社会生源‘虚拟’班级的构建与管理研究”（项目编号：2022GXJK449）、广东省教育厅2020年度普通高校认定类科研项目（青年创新人才类）“以《入党申请书》为载体的高校学生党员党性教育模式创新研究”（项目编号：2020WQNCX127）研究成果。按照高职院校班级活动的类型、内容，分为党团政治理论学习、践行社会主义核心价值观、传承中华优秀传统文化、弘扬红色革命文化、班团组织自身建设、专业特色班级活动等六篇；由广东省高校骨干辅导员工作室主持人、广东省外语艺术职业学院庄庆滨副教授担任主编，广州番禺职业技术学院董丽华、广东职业技术学院黄碧峰担任副主编。感谢清远职业技术学院的颜杰坤，汕尾职业技术学院的郑晓旋，广东工贸职业技术学院的林耀佳，广州科贸职业技术学院的任思敏，广东行政职业学院的林俊国，广州城市职业学院的林静君，广州番禺职业技术学院的童源锋，广州铁路职业技术学院的李锦源，广东省外语艺术职业学院的胡陈陈、黄娉婷、胡景、郑宇丹等老师作为各高职院校案例撰写牵头人的辛勤付出，特别感谢广东省外语艺术职业学院班级干部蔡美贞、邹艺汶、黄恺莹、朱芷晴等同学为班级活动设计策划提供创意，感谢各位编者的大力支持，感谢支持本书出版的单位和个人！

由于编者水平有限，书中疏漏和不足之处，敬请广大读者批评指正。

庄庆滨

2023年4月

目 录

第一篇 党团政治理论学习

第二篇 践行社会主义核心价值观

第三篇　传承中华优秀传统文化

第四篇　弘扬红色革命文化

第五篇　班团组织自身建设

第六篇　专业特色班级活动

第一篇

党团政治理论学习

学习党的二十大精神系列活动

一、活动主旨

为深入学习宣传贯彻党的二十大精神，以“中国式现代化”为专题，班级可通过宣讲、学习、讨论、分享等多种形式，引导同学们深刻了解中国式现代化的特征和历史，明确新时代青年学生的责任和使命，激励广大青年学生在推进中国式现代化中展现担当、作为，在实现第二个百年奋斗目标、实现中华民族伟大复兴中贡献青春力量。

二、活动主题

学习宣传贯彻党的二十大精神。

三、活动形式

宣讲、学习、讨论、分享。

四、资料准备

（一）物资准备

准备团旗、班旗，制作横幅、海报，申请拍摄设备。

（二）参考资料

1. 120 秒读懂中国式现代化，https://www.360kuai.com/pc/98ff6fda8eb7da5b7?sign=360_c9d79732&tag_kuaizixun=None

2. 几段话读懂中国式现代化，https://haokan.baidu.com/v?vid=10399802638870787638

五、组织实施

（一）前期安排

1. 召开班委会议、商量活动主题和内容，明确人员分工、活动具体流程。
2. 班长邀请学院领导（专家）做专题宣讲。
3. 按照系列活动组织形式，发动班委进行资料准备、申请活动场地。

4. 通知全体同学活动时间、地点，确保活动准时开始。

（二）活动过程

1. 重温入团誓词。加深团员身份的认知、义务和责任，重温宣誓仪式，为理论专题学习创造良好的氛围。

2. 集中学习。集中学习党的二十大报告的主要内容，学习党的二十大报告对“中国式现代化”深刻内涵和本质特征的阐述。

3. 专题宣讲。邀请老师进行专题宣讲。

4. 分组讨论。在全员学习的基础上进行分组讨论，以“2035的展望”（基本实现现代化）为主题，采用畅想、畅谈形式进行小组交流、总结学习成果。也可以以“绘画”“设计”形式描绘“自己心目中的2035”。

5. 分享学习体会。每小组派一名代表分享本小组的学习体会，并且对“2035的展望”做一次汇报，同时录制视频留存，作为团支部学习资源。

（三）活动后期

1. 通过前期的学习成果，利用自身专业知识，用制作海报、编程、雕塑等方式展现中国式现代化的未来景象，同时组织一次评比，留存优秀作品在校园网发布。

2. 为了巩固学习成果，每个宿舍（小组）由一名党员（预备党员、积极分子）组建政治理论学习小组，小组长定期转发时事信息，小组成员通过定期观看视频、阅读文章、参与活动竞赛等方式进行学习，使政治理论学习常态化。

六、活动总结

本次活动促使青年大学生以党的二十大精神指导自己实践，融入专业学习，武装头脑。进一步增强青年大学生的政治责任感和历史使命感，以更加饱满的热情和姿态履职尽责、担当作为，积极投身到为实现中华民族伟大复兴的建设中，让青春在全面建设社会主义现代化国家的实践中绽放绚丽之花。

“大学生政治素养提升”小讲坛

一、活动主旨

活动旨在提高青年大学生尤其是学生骨干的政治理论素养、树立优秀团员模范先锋、展现青年团员责任担当。通过指导学生自主选题、自己担任主讲，在课堂上分享学习心得，同时在网络上营造学习阵地，引领学生关注时事热点，加强政治理论学习，提升政治素养，坚定理想信念；促使团员们主动作为，起到带头作用，彰显先锋模范做派。

二、活动主题

思想引领、自我教育。

三、活动形式

分组讨论、做主题演讲。

四、资料准备

（一）物资准备

准备团旗、班旗，制作横幅、海报，申请拍摄设备。

（二）参考资料

“papi 团的分分钟课堂”团课微课堂@你来学习啦，https://www.iqiyi.com/w_19ru60fwrh.html

五、组织实施

（一）活动准备

1．确定主题及形式。根据“团小组工作制”，每个团小组针对近期 1 个时政热点话题，在小组内展开讨论，形成主要观点。团员主动报名担任主讲，每个团小组确定 1 名主讲候选人。在团支部支委会议上，根据各个团小组讨论的主题和准备情况，最终商讨确定 1 个主题，在各小组推荐的候选人中选出一名担任本期主讲，其余主题则建立微课群进行分散学习研讨。

2. 公布活动主题，制作授课课件。提前一周公布本次活动主题，供团支部成员自行搜集相关资料并了解学习内容。同时，主讲人准备演讲稿，并发给辅导员老师进行审核把关。

3. 部署工作。确定线下活动的时间、地点，做好工作人员分工、安排好宣传工作、及时下发通知。在微课群搭建好线上学习平台。

4. 调研。一是主讲人在上课前提前进行调研，了解团支部成员对本期相关内容是否存在困惑和疑问，以便于课堂上解答；二是主持人提前调研授课结束后自由发言环节的焦点问题，确定不少于2人的“填空式”发言，避免冷场现象发生；三是如果组织校外现场教学活动，需提前做好活动路线规划，做好安全预案。

（二）活动过程

1. 介绍举办班级“大学生政治素养提升”小讲坛的意义、目的及活动方式。

2. 介绍本期主讲人和本期主题，并简要做出相关说明。

3. 主讲人授课。主讲人根据主题及前期准备情况进行20～30分钟的课堂讲授。

4. 自由发言。课堂讲授结束后，主持人邀请同学们就本期主题发表意见或想法，如有提问，请主讲人作答，也可让同学们共同讨论。对于一些不同的观点可采用辩论形式开展。

5. 嘉宾点评。

6. 主持人总结本期活动情况，发布微课群网址，供同学们课后在网上继续学习讨论。

六、活动总结

本次活动取得很好效果：

1. 以团员为主体，发挥青年智慧力量，将舞台交给每个支部成员，使各团员由被动参与转为主动融入、各种点子多起来、各项工作的“团员味”和青春气息更浓。

2. 持续性开展实现常态化建设。让每名团员从按时参加活动、认真准备好一次演讲做起，一点一滴推进。团员们不再是窝在宿舍里的“佛系青年”，而是成为能够走出宿舍、走上舞台，讲得出来、讲得精彩的新时代弄潮儿。

不忘初心，牢记使命
——“深入学习党的十九大精神”团日活动

一、活动主旨

活动旨在指引学生深入学习贯彻落实党的十九大精神，以习近平新时代中国特色社会主义思想为指导，增强“四个意识”，坚定“四个自信”，做到“两个维护”；引导同学们践行社会主义核心价值观，提高同学们思想政治觉悟，增强班级凝聚力。

二、活动主题

不忘初心，牢记使命。

三、活动形式

以宿舍为单位，开展形式多样的主题学习。

四、资料准备

（一）物资准备

准备团旗、班旗，制作横幅、海报，准备剪纸、毛笔、卡纸、记号笔，申请拍摄设备。

（二）参考资料

1. “不忘初心，牢记使命”短片，https://v.qq.com/x/cover/vgu6pevatrsivc6/n0025onidta.html

2. 喜迎十九大诗歌朗诵，https://m.liuxue86.com/a/3402908.html

五、组织实施

（一）活动前期

1. 团支书组织召开班委会议，确立组织形式，明确人员分工。

2. 团支书邀请学院领导、老师参加活动；申请多媒体课室。

3. 班长查找参观博物馆路线，确保同学们路上安全。

4. 各宿舍长分别制定各自系列活动的方案。

（二）活动人员安排

团支书：整体策划及总结。全体班委、各宿舍长：活动准备。信息委员：活动摄影。宣传委员：宣传报道。

（三）活动过程

以宿舍为单位进行活动：

1. A 宿舍：通过“你划我猜”游戏、与中国梦相关的谜语、“三证合一”活动，多方位深入学习党的十九大报告精神。

2. B 宿舍：通过采访老党员，了解他们对党的十九大的认识以及对未来中国建设的期望，更加深入了解党的十九大精神，学习他们“不忘初心，牢记使命”的精神品质。

3. C 宿舍：组织参观广东省博物馆，了解历史和革命先烈事迹。随后在博物馆门口组织诗歌朗诵（诗歌内容为“和风丽日喜相逢、共商国是目标同、回眸党情扬经典、不忘初心圆梦夙、规划民生责任重、齐绘蓝图大道通、砥砺前行金瓯振、振兴中华力争雄”），缅怀历史，表达对中华文明亘古不朽的文化延续的赞颂。

4. D 宿舍：开展“谁是卧底”的游戏活动，以“红旗”“红领巾”等作为谜语进行有奖竞猜，“满满趣味红色中国情”。

5. E 宿舍：通过剪纸、书法等方式展示“国”的繁体字，体现我国博大精深、源远流长的传统优秀文化，树立继承、发展我国优秀传统文化使命的信念。

（四）活动后期

1. 信息委员收集各组开展活动的照片、视频，制作活动视频。

2. 宣传委员对照片、视频进行后期处理，撰写活动宣传文章并进行报道。

六、活动总结

通过此次活动让同学们更加深入了解党的十九大精神和习近平新时代中国特色社会主义思想，深刻学习“不忘初心，牢记使命”的内涵。以宿舍为单位独立开展活动，可以有效调动同学们主动参与积极性，集思广益，让学生积极主动地献谋策划，使活动内容更加丰富多彩、参与方式更加多样灵活。每个同学都收获满满，立志为建设美丽中国出一分力量。

学习“习近平总书记给青年大学生的回信”分享交流会

一、活动主旨

青年是国家的未来、民族的希望，党和国家历来高度重视青年、关怀青年、信任青年，始终坚持把青年作为党和国家事业发展的生力军。班级团支部选取了13封习近平总书记给青年大学生的回信，让同学们学习、感悟习近平总书记对青年大学生的嘱托和期望，勉励当代青年要树立远大理想信念，勇于担当，励志勤学，刻苦磨炼，在激情奋斗中绽放青春光芒。

二、活动主题

学习“习近平总书记给青年大学生的回信”内容。

三、活动形式

学习分享、交流会。

四、资料准备

（一）物资准备

准备团旗、班旗，申请拍摄设备。

（二）参考资料

1．［视频］读懂中国共产党　读懂中国——习近平给北京大学留学生们的回信引发热烈反响，https：//tv.cctv.com/2021/06/23/VIDERcv8Bq1Ibg7qcF9mnPjC210623.shtml

2．中央美术学院教授代表们分享收到习近平总书记回信的感受，https：//tv.cctv.com/2018/12/29/VIDEJrRvUUvPAOUBVQUkS837181229.shtml

五、组织实施

（一）前期安排

1．广泛宣传，利用新媒体宣传、动员广大团员积极参加。

2. 将班级全体同学进行分组，并准备好学习资料。

3. 设计活动流程，保证学习交流过程的顺利进行。

4. 邀请辅导员、班主任、形势政策课或相关专业教师作为嘉宾参与活动。

5. 打印习近平总书记写给青年大学生的13封回信材料（详见下表），按组提前分发，每个小组学习分享1封回信，让每位同学熟悉学习内容，为活动开展做好准备。

序号	时间	内容
1	2013年5月2日	习近平给北京大学考古文博学院2009级本科团支部全体同学回信
2	2013年12月5日	习近平给华中农业大学“本禹志愿服务队”回信
3	2014年1月28日	习近平给大学生村官张广秀回信
4	2014年5月3日	习近平给河北保定学院西部支教毕业生群体代表回信
5	2017年8月15日	习近平给第三届中国“互联网+”大学生创新创业大赛“青年红色筑梦之旅”的大学生回信
6	2017年9月23日	习近平给南开大学新入伍大学生回信
7	2017年12月30日	习近平给莫斯科大学中国留学生回信
8	2019年6月18日	习近平给北京体育大学2016级研究生冠军班全体学生回信
9	2020年1月6日	习近平给世界大学气候变化联盟的学生代表回信
10	2020年2月21日	习近平给在首钢医院实习的西藏大学医学院学生回信
11	2020年3月15日	习近平给北京大学援鄂医疗队全体“90后”党员回信
12	2020年6月27日	习近平给复旦大学《共产党宣言》展示馆党员志愿服务队全体队员回信
13	2020年7月7日	习近平给中国石油大学（北京）克拉玛依校区毕业生回信

（二）活动过程

1. 活动开始：主持人介绍活动背景，学习分享会的具体流程。

2. 分组讨论：各个小组围绕回信展开15分钟集中讨论，讨论内容包括习近平总书记回信的主要内容、蕴含的思想和时代价值、对当代大学生的启发。

3. 展示分享：小组讨论结束后，每个小组选出1名代表，通过PPT或视频展示，诵读回信内容、回顾回信背景、介绍收信大学生群体或团队的基本情况和主要成就，并汇报所在小组对回信的学习感悟（主要是思想提升、认识领悟和努力方向等方面，不少于3点）。

4. 专家点评：以13封回信中的关键词进行串联，阐述习近平总书记对青年大学生群体的关怀和厚望，结合党的二十大报告，解读教育、科技、人才的重要地位，强调大学生在推进中国式现代化中的时代价值，向同学们提出具体要求。

5. 主持人总结活动成效，收集各小组学习分享的资料。

（三）活动后期

1. 整理活动资料、撰写班级专题学习日志、发布活动报道。

2. 整理各小组同学分享的学习心得，录制微视频，扩大活动影响力。

（四）学生反馈

同学A：一封封回信、一句句寄语是习近平总书记站在实现中华民族伟大复兴，实现两个百年奋斗目标的战略高度寄予当代青年大学生的厚望，是新时代社会主义建设需要的要求，也是新时代大学生成长成才应有的担当。

同学B：读完每一封信，让我们真正感受到总书记的重要讲话和我们这么近、这么亲！从回信中，我们深刻领会当代青年大学生的使命。要坚定不移地听党话、跟党走，怀抱梦想又要脚踏实地，敢想敢为又善作善成。

六、活动总结

本次活动采用分组、分学习任务方式进行，充分调动了同学们参与的积极性，学习交流分享氛围好。多位老师到场指导点评，为同学们参加政治理论学习指明学习方向和方法，提升了思想理论水平，强化了思想引领。“会前讨论＋分享交流＋专家点评＋新媒体持续宣传”学习模式使同学们学习习近平新时代中国特色社会主义思想更加系统化、学理化和常态化。

学习“党的二十大精神”专题会

一、活动主旨

党的二十大是在我国进入全面建设社会主义现代化国家新征程的关键时刻召开的一次十分重要的大会，是绘就宏伟蓝图，引领全国各族人民走向中华民族伟大复兴的盛会。通过组织专题学习会，使同学们更加深刻领会党的二十大精神，更加明确当代青年肩负的使命与担当，使自己成长为堪当民族复兴重任的时代新人。

二、活动主题

学习“党的二十大精神”。

三、活动形式

学习党的二十大报告，观看专题报道视频。

四、资料准备

（一）物资准备

准备团旗、班旗，申请拍摄设备。

（二）参考资料

1. 收好这份思维导图，一起学习党的二十大报告，https://news.china.com/zw/news/13000776/20221019/43682092.html

2. ［献礼二十大］我们这十年，https://www.bilibili.com/video/BV1R3411u7FE/?spm_id_from=333.337.search-card.all.click&vd_source=f4acbf345ceb67303e41db2eb932805c

3. 新时代塑造新青年，http://cpc.people.com.cn/n1/2022/0425/c444418-32408344.html

4. 如何学习贯彻党的二十大精神，专家解读，http://cpc.people.com.cn/n1/2023/0120/c164113-32610922.html

五、组织实施

（一）前期安排

1. 召开团支部委员会和班委会，讨论专题学习的形式和具体内容，确定人员分工。

2. 查找、整理“党的二十大报告”资料（报告原文、会议视频、专家解读）。

3. 根据活动流程撰写主持稿、制作 PPT。

4. 安排发言和分享心得人员，邀请老师审定发言稿。

5. 发布活动通知，发放有关学习资料，布置大家提前学习。

（二）活动过程

1. 团支书介绍组织召开“党的二十大精神”专题学习会的背景和意义。

2. 组织大家观看“党的二十大开幕”和“二十届中央政治局常委同中外记者见面”的现场视频，让大家再次感受大会盛况。

3. 团支书结合学习党的二十大报告的思维导图介绍党的二十大召开概况，借助专家解读学习报告主要内容。

4. 班委围绕习近平总书记在党的二十大报告中对青年的寄语谈个人体会。

5. 播放《我们这十年》视频，回顾新时代十年我们国家发生的变化，取得的历史性成就。组织同学们分享这十年身边发生的变化和收获，结合如何贯彻党的二十大精神谈谈个人未来奋斗的方向和目标。

6. 团支书做总结，勉励大家要牢记时代赋予青年的责任，发挥专业优势，用饱满的热情投身于中国式现代化的伟大新征程。

（三）活动后期

1. 整理活动资料，撰写班级专题学习日志，撰写新闻稿。

2. 整理进行分享的同学的学习心得，录制微视频，并通过微信公众平台进行宣传报道。

六、活动总结

本次专题学习会，使同学们更加准确理解党的二十大报告的丰富内涵、精神实质和实践要求。作为新时代的青年应高举中国特色社会主义伟大旗帜，全面学习贯彻习近平新时代中国特色社会主义思想，自信自强、守正创新，踔厉奋发、勇毅前行，为全面建设社会主义现代化国家、全面推进中华民族伟大复兴而奋斗。

学习习近平总书记“‘七一’重要讲话精神”主题班会

一、活动主旨

活动旨在深入学习贯彻习近平总书记“七一”重要讲话精神，铭记历史，坚持发扬党的优良传统，为实现第二个百年奋斗目标、实现中华民族伟大复兴的中国梦而奋斗，展现当代的青年担当。

二、活动主题

赓续红色血脉，投身复兴伟业。

三、活动形式

朋友圈打卡、党史知识竞赛、户外体育活动。

四、资料准备

（一）物资准备

准备团旗、班旗，制作横幅、海报，准备零食和饮用水等，申请拍摄设备。

（二）参考资料

1. “请党放心，强国有我”！这是今日青年对党的庄严承诺，https://v.qq.com/x/page/n32565xmwju.html

2. 学习“七一”重要讲话暨“请党放心　强国有我”示范主题团日活动，https://www.bilibili.com/video/av548355542/

五、组织实施

（一）前期安排

1. 召开班委会议，确定活动主题和组织形式，明确人员分工和具体流程。
2. 邀请辅导员和班主任参加活动。
3. 对户外活动和竞赛环节进行排练。
4. 明确活动的内容。
5. 生活委员负责购买活动用品。

6. 团支书负责场地的布置，组织委员负责多媒体设备的调控。

7. 通知全体同学活动的时间、地点，确保活动准时开始。

（二）具体分工

1. 团支书负责跟进整个活动，主持活动竞赛环节。

2. 班长负责协调工作，对班委进行分工。

3. 组织委员发动同学积极参加活动，做好班会会议记录。

4. 宣传委员负责摄影、剪辑视频、撰写新闻稿。

（三）活动展示

1. 展示专题学习“朋友圈打卡”成果。

结合班级专业特色，展示近期同学们以绘画、书法、读后感、弹唱等方式开展学习习近平总书记“七一”重要讲话精神，“四史”学习教育等专题的“朋友圈打卡”。

2. 观看青春之歌《强国有我》视频。

视频呈现：在庆祝中国共产党成立100周年纪念大会上，首都青少年们在天安门广场喊出“请党放心，强国有我”的铿锵誓言。一时间，“强国有我”响彻神州大地，令人热血沸腾。通过观看视频现场的同学们再次受到感染，产生共鸣。

3. “党史知识”竞赛。

组织同学们围绕党史知识展开竞答，以竞赛形式加强同学们对党史知识的学习，营造一种“你追我赶”的学习氛围。

4. “奋斗强国”宣誓活动。

组织同学们在学校操场上的红旗下宣誓“请党放心，强国有我”。一声声坚定的话语，体现了新时代的中国青年在为实现中华民族伟大复兴、第二个百年奋斗目标，接下“强国有我”传力棒的决心和信心。

5. “心中有党，不惧寒风”体育活动。

融合学院“阳光体育”特色体育活动，分别设置多项与党的知识有关的体育项目。在寒风中燃起红色精神，如同面对将来可能发生的种种困难一般，青年定会不惧困难勇往直前，为实现中华民族伟大复兴贡献自己的青春力量。

六、活动总结

本次活动通过新颖的活动形式增加了团日活动的趣味性，使同学们对习近平总书记“七一”重要讲话精神有了更深刻的认识和理解，增强了同学们的政治责任感和历史使命感，坚守“强国有我、请党放心”的誓言。

同学们表示：在今后的学习中，会严格要求自己，扛起“强国有我”的青春之责，践行“请党放心”的铮铮誓言，结合自身专业知识，努力把学习成果转化为立志报国的实际行动。

学习《论党的青年工作》主题团日活动

一、活动主旨

习近平同志的《论党的青年工作》出版发行，是广大团员青年和青年工作者在共青团成立100周年之际收到的珍贵礼物，为全党、全社会深入学习贯彻习近平总书记关于青年工作的重要思想提供了根本遵循。为学懂蕴含其中的新理念、新观点、新要求，推动新时代党的青年工作取得更大实效，体现对党绝对忠诚，团支部组织开展学习《论党的青年工作》主题团日活动。

二、活动主题

学习《论党的青年工作》。

三、活动形式

节选《论党青年工作》朗诵+论述解读。

四、资料准备

（一）物资准备

准备团旗、班旗、横幅、海报和拍摄设备。

（二）参考资料

1. 新时代党的青年工作的根本遵循，https://baijiahao.baidu.com/s?id=1736746880503724380&wfr=spider&for=pc

2. 《论党的青年工作》学习辅读系列，https://weibo.com/tv/show/1034:4822352274587735

五、组织实施

（一）前期安排

1. 召开班委会，成立活动策划小组并建立微信群，对活动方案展开讨论。

2. 申请教室，并邀请班主任、辅导员出席，向同学们发布活动通知。

3. 筹备小组制作好活动所需的PPT、打印会议签到表，并做好会场布置。

4. 安排班干部组织同学签到，指引同学就座。

5. 宣传委员在会议过程中对会议全程进行拍照留档。

6. 全体班干部会后留下打扫卫生，生活委员负责检查监督。

7. 做好第二课堂活动学时认证申请的有关工作。

（二）具体分工

1. 团支书负责整个活动的跟进活动，申请第二课堂学时。

2. 班长负责组织同学参加活动，做好协调工作。

3. 宣传委员负责活动过程中摄影记录，会后撰写微信推文发布微信公众号，并组织同学们分享学习心得。

4. 学习委员负责做好考勤工作。

5. 生活委员负责所有开销的记录。

（三）活动过程

1. 所有同学进场以及嘉宾落座后，学习委员做好相关考勤工作，主持人宣布活动正式开始。活动以原文节选朗诵＋论述解读的形式进行，对《论党的青年工作》进行深入学习。

2. 首先由团支书为大家介绍《论党的青年工作》出版的背景以及重要意义，解析党与团的关系。组织同学们对《论党的青年工作》进行节选朗读，并对其进行解读。同学们均表示对《论党的青年工作》有了较深入的了解。

3. 团支书结合《论党的青年工作》向团员及学生提出了几点要求，对如何做好新时代青年、团员如何更好向党组织靠拢提出见解。

4. 活动最后环节组织同学们分享自己的收获，邀请班主任进行总结并宣布活动结束。

六、活动总结

本次活动让同学们深刻领会了《论党的青年工作》的丰富内涵，对引导支部团员和青年坚定理想信念、紧跟党走，使青年学生明白要将爱国之情、强国之志、报国之行统一起来才具有实际性意义。

作为新时代的中国青年，要追求远大理想，要以高标准严格要求自己，守纪律、讲原则、作表率，心中有信仰，行动才有方向。

学习“习近平总书记在庆祝中华人民共和国成立70周年大会上的重要讲话”主题活动

一、活动主旨

习近平总书记在庆祝中华人民共和国成立70周年大会上的重要讲话具有深刻的内涵，“中国的昨天已经写在人类的史册上，中国的今天正在亿万人民手中创造，中国的明天必将更加美好”。中华人民共和国70年的发展成果是无数革命先烈用鲜血和各族人民群众用汗水换来的，通过班级集体学习习近平总书记在庆祝中华人民共和国成立70周年大会上的重要讲话，激励青年学生以更好的姿态奋进新征程、建功新时代。

二、活动主题

讴歌七十年丰功伟绩，凝聚新时代磅礴伟力。

三、活动形式

观看专题视频、节目表演。

四、资料准备

（一）物资准备

准备团旗、班旗，制作横幅、海报，准备零食和饮用水等，申请拍摄设备。

（二）参考资料

1. 70秒速览建国70周年成就展，https://v.qq.com/x/page/a30026j2ejj.html

2. 超燃！建国70周年阅兵MV，https://www.bilibili.com/video/av69616752/

3. 习近平总书记在出席庆祝中华人民共和国成立70周年系列活动时的讲话，https://baijiahao.baidu.com/s?id=1679242305515743618&wfr=spider&for=pc

五、组织实施

（一）前期准备

1. 召开会议，讨论方案。

召开班委会，讨论活动主题、开展形式、活动时间、地点，确定人员分工，相关班委完成该活动的策划书、工作安排等。

2．咨询老师，确定方案。

向辅导员和班主任咨询，请其对该活动的策划及工作安排进行审核，获取他们的宝贵意见。

3．收集资料，准备物资。

按照分工，各班委收集国家领导人重要讲话及相关史料，准备活动相关物资。

（二）活动过程

1．活动开始。

班长介绍到场嘉宾以及活动背景、目的，讲解活动流程并告知同学们活动期间的注意事项，宣布活动正式开始。

2．奏唱国歌。

活动开始后，全体成员齐唱国歌、共青团团歌。激发全体成员的爱国热情，增强全体成员的归属感、责任感和使命感，增强全体同学的民族自豪感与国家荣誉感。

3．讲解PPT。

展示70年来祖国的建设成就，加深对同学们的社会主义核心价值观教育，增强同学们的国家荣誉感及民族自豪感，激励同学们更加紧密团结在以习近平同志为核心的党中央周围。

4．观看阅兵仪式视频片段。

（1）各班委组织同学们认真观看阅兵仪式视频片段，播放前相关人员再次检查相关设备，如电脑、投影仪、音响等，确保视频的正常播放。

（2）观看过程中，班委维持现场纪律，防止同学们出现聊天、玩手机的行为。

5．进行节目表演。

①以各宿舍分组形式依次进行节目表演，组织同学们认真观看，表演过程中可进行拍照或录像作保存。

②各组依次表演完后，每位同学通过投票小程序进行现场投票，得票数最多的一组则为获胜组，获胜组每位成员可获得礼品一份。

6．党史知识竞赛环节。

竞赛采取现场抢答题和必答题的形式，参赛组以分组形式分为8支队伍，参赛顺序以抽签形式决定（竞赛规则见活动安排第三点），知识竞赛要遵循公开、公正、公平的原则，不得作弊。

竞赛规则：

（1）竞赛形式：竞赛采取现场抢答题和必答题的形式，以分组形式分为8支队伍参赛，参赛顺序以抽签形式决定。

（2）抢答题一共10题（每题20分）答对得分，答错扣分；必答题分为2轮共64题（8组参赛组每位成员必答2题，每题10分）答对得分，答错不扣分。

（3）各参赛组答题顺序为1~4号选手（序号自己商定），必答题按1~8组中1~4号选手的排列顺序答题。

（4）竞赛开始，每组基本分数为100分，在答题过程中，根据题目分值答对加相应分值，答错减相应分值，必答题限时20秒，超过答题时间则扣相应分值，抢答题超过20秒无人抢答则该题作废。

7. 进行心得分享环节。

以宿舍为单位，每个宿舍派1到2位同学分享自己本次活动的心得体会，同学们可进行讨论并积极发言。

（三）活动结束

1. 班长进行活动总结，肯定并表扬同学们的积极表现，鼓励所有同学继续保持积极向上的态度，不断通过学习坚定信念，注重修炼品德，弘扬爱国精神。

2. 活动成果化，由相关班委对活动的照片和视频进行收集和整理，并写活动心得。

六、活动总结

通过此次活动让同学们更加明确自己作为新时代大学生的使命担当，将自己的理想信念和国家命运紧密联系在一起，树立大局意识，弘扬爱国主义精神，凝聚实现中华民族伟大复兴的强大奋进力量。

活动以班级为单位，通过各班同学的共同努力完成任务，增进同学之间彼此感情，增强同学们的集体荣誉感。

不忘初心　勇立潮头
——学习“红船精神”主题班会

一、活动主旨

2005年6月21日，时任浙江省委书记的习近平同志在《光明日报》上刊发的文章《弘扬“红船精神”走在时代前列》首次系统阐述了“红船精神”，认为“红船精神”是中国革命精神之源。学习“红船精神”能够增强青年学生担当民族复兴大任的使命意识、牢固树立“扎根人民学本领，学好本领为人民”的服务理念，能够激励青年学生迸发创造伟力，实现人生价值。

二、活动主题

不忘初心，勇立潮头。

三、活动形式

学习分享。

四、资料准备

（一）物资准备

制作横幅、海报，准备纸板、剪刀、胶水和颜料，申请拍摄设备。

（二）参考资料

1. 大型音像纪实片《红船》（上集），https://tv.cctv.com/2011/07/07/VIDEj8ekSinlXetpDxMX0dlu160923.shtml

2. 大型音像纪实片《红船》（下集），https://tv.cctv.com/2011/07/08/VIDEyEGPYC7hXCewTMG3cSgX160923.shtml

3. 习声回响丨温暖聆听·弘扬“红船精神”不忘初心使命，https://haokan.baidu.com/v?vid=16130006693705222421

4. 云讲堂：百年历程中的伟大精神之红船精神，https://haokan.baidu.com/v?vid=15184745139279836424

5. 【7·1建党节】弘扬红船精神，走在时代前列！（可用废纸板制作），https://www.360kuai.com/pc/9c922807c2440c606?sign=360_c9d79732&tag_kuaizixun=None

五、组织实施

（一）前期安排

1. 团支书组织开班委会议，确定活动流程，邀请老师参加活动，申请课室。

2. 班委集体收集“红船精神”相关文献资料（影片和历史材料）。

3. 活动人员分工。团支书、班长负责活动的策划及总结；学习委员负责整理学习心得；宣传委员负责摄影、撰写新闻报道和微信推文。

（二）活动过程

1. 主持人介绍活动背景和意义。

2. 相关老师致辞。

3. 集体观看“红船精神”历史影片和学习资料。

4. 用纸板制作红船模型。

5. 分组进行讨论，讨论“红船精神”对当代大学生理想和未来的启发。

6. 部分同学分享感想：

（1）第一组代表发言：“红船精神”体现出中国共产党人特有的开天辟地、翻天覆地干大事的勇气和有历史沧桑巨变的责任担当。作为年轻一代，在日常生活中要坚持敢为人先的首创精神，从小事做起，树立创新思维意识、敢于面对挑战和斗争。

（2）第二组代表发言：“红船精神”鼓舞我们要有不畏艰辛、艰苦奋斗的强大斗志。广大青年要以“红船精神”为引领，坚定共产主义理想信念，要充分认识到走共产主义道路是历史的选择、是中国人民的选择。大学生们要珍惜机会，努力学习，在新时代新征程上贡献青春力量。

（3）第三组代表发言：“红船精神”深刻揭示了中国共产党人为中国人民谋幸福的初心和使命。广大青年要厚植家国情怀，树立“扎根人民学本领，学好本领为人民”的服务理念，把个人理想与家国梦想结合起来，主动融入民族伟大复兴的时代潮流。

（4）第四组代表发言：“红船精神”集中体现了中国共产党的建党精神，昭示着中国共产党人的初心。它所承载的首创精神、奋斗精神、奉献精神，是激励我们党顽强奋斗、不断发展壮大的精神动力，是我们党立党兴党、执政兴国的宝贵精神财富，也是新时代坚持和发展中国特色社会主义的坚强精神支撑。我们应该深入思考和研究以“红船精神”发端的中国共产党精神谱系，深刻领会“红船精神”的时代价值和现实意义。

7. 老师总结、点评本次活动。

（三）*活动后期*

1. 班委收集整理同学们的学习心得和活动照片并编辑微信推文。
2. 班委将同学们的学习感言、红船模型等进行整理、展示。

六、活动总结

通过举办本活动，同学们深刻领会了“红船精神”的价值和内涵，使“红船精神”所蕴含的首创精神、奋斗精神、奉献精神转化为大学生们奋斗前进的精神动力。弘扬“红船精神”，要求年轻一代坚定理想信念，敢于挑战、乐于奉献，争当新时代新人。

活动设置了讨论环节，让学生分组进行思考，进一步理顺“红船精神”的历史逻辑和发展脉络，为班级组织政治理论学习提供了范例。

牢记青春使命　与祖国发展同行
——两会热词翻译竞赛活动

一、活动主旨

为了使团员们牢记入团初心、不忘新时代共青团员的历史使命，团支部以政治理论学习为主线，结合自身的专业特色，组织开展两会热词英语翻译竞赛。通过活动，加强团员的政治理论学习，营造班级良好的学习、交流氛围。

二、活动主题

牢记青春使命，与祖国发展同行。

三、活动形式

两会热词翻译竞赛。

四、资料准备

（一）物资准备

制作横幅、海报，购买小礼品，编制题库，申请拍摄设备。

（二）参考资料

两会翻译资料参考，https://mp.weixin.qq.com/s/4UPgX8m-3LSyEdwNl2z8Ag；https://mp.weixin.qq.com/s/SIF1ewglew7E_a4f1zYA7A；https://baijiahao.baidu.com/s?id=1593973662559243593&wfr=spider&for=pc

五、组织实施

（一）前期工作

1. 设计活动方案，进行人员分工，明确班委职责。

2. 发动班级每位同学学习两会精神、政府工作报告、总理答记者问等内容，每人选取3~5个热词，并提交学习委员处。

3. 学习委员组织部分同学进行翻译，并提交指导老师进行修改，形成题库。

4．制定比赛规则和奖项设置：

（1）比赛规则：本次翻译竞赛采取分组形式进行，以小组（每 5 人为一组）为单位进行竞赛。在活动前一周发放题库，各小组成员预习，活动当天现场不得携带相关纸张，不得使用手机作弊。

①每小组选择一个题库进行答题，共有 5 分钟的答题时间。

②前 5 道题为个人轮流作答（队友不可提示），后 5 道题为小组共同作答，总分终得分为小组最终分数。

③每题答对加 10 分，答错不加分不扣分，答出一半加 5 分，不追究英语语法问题；如若答不出，可选择跳过，但不得超过 5 次。

④如出现分数重叠，则进行抢答附加题，率先答对的一组获胜。

（2）奖项设置：共设置一等奖 1 组、二等奖 2 组、三等奖 3 组。

（二）活动过程

1．活动开始，全体起立，奏唱团歌。

2．主持人介绍到场嘉宾，讲解活动流程及相关事项，并宣布活动正式开始。

3．嘉宾、领导致辞。

4．翻译竞赛分为两个阶段，每个阶段各有 4 个小组，两两比拼。

5．中间休息和表演环节，文娱委员组织非参赛队员进行节目表演，并对前一阶段比赛情况进行计分，并宣布进入第二轮比赛名单。

6．第二轮比赛，主要采取将英文翻译为中文的形式进行。

7．统计最终得分，并宣布获奖队伍，请嘉宾进行颁奖。

8．邀请评委老师进行点评。

（三）活动后期

1．学习委员整理题库，编辑成册。

2．宣传委员收集活动照片，撰写新闻报道，并在学院公众号推送。

3．团支书对本次活动进行总结。

六、活动总结

结合专业知识，以翻译两会热词的方式开展活动有助于调动学生学习的积极性，进一步加深对政治理论的学习，达到良好的学习效果。这种生动有趣的学习方式，是班级进行集体项目活动的有益尝试。

附件 两会热词翻译竞赛（题库）：

1）中国梦 the Chinese Dream

2）不忘初心　stay true to the mission

3）两个一百年　two centenary goals

4）工匠精神　craftsmanship spirit

5）扫脸支付　face scan payment

6）二维码支付　two-dimensional barcode payment

7）人工智能　artificial intelligence

8）点赞　give a like

9）文化自信　cultural confidence

10）无现金支付　cashless payment

11）共享汽车　car-sharing

12）移动支付　mobile payment

13）实名认证　real-name authentication

14）改革开放40周年　40 years of reform and opening up

15）一带一路　the Belt and Road Initiative

16）中共十九大　The 19th National Congress of the Communist Party of China

17）香港回归祖国20周年　the 20th anniversary of Hong Kong's return to China

18）新时代中国特色社会主义　Socialism with Chinese Characteristics for a New Era.

19）全面从严治党　Seeing Party self-governance exercised fully and with rigor.

20）不想腐的堤坝正在构筑　Moral defenses against corruption are in the making.

21）行百里者半九十　The last leg of a journey marks the halfway point.

22）大道之行，天下为公　We should pursue a just cause for common good.

23）打铁还需自身硬　It takes a good blacksmith to make steel.

相聚团旗下　永远跟党走
——党团知识竞赛活动

一、活动主旨

百年来，我们党带领全国各族人民进行多次斗争，在取得一件件历史性成就的进程中积累了许多宝贵经验。开展党团知识竞赛活动旨在通过知识竞赛的形式使同学们更深入地了解中国共产党、共青团的发展历史，在加强同学们的思想政治教育的同时丰富同学们的校园生活，更是提高了青年大学生的政治素质。

二、活动主题

相聚团旗下，永远跟党走。

三、活动形式

知识竞赛。

四、资料准备

（一）物资准备

准备团旗、团徽、题库、计时器，制作横幅、海报，申请录像设备、游戏道具等。

（二）参考资料

1. 共青团员党团知识竞赛题库及答案（共100题），https://www.hnbllw.com/gongwenfanwen/2022/0727/332694.html

2. 党团知识竞赛题库，https://wenku.baidu.com/view/85a944634128915f804d2b160b4e767f5bcf8064.html?_wkts_=1680330084509&bdQuery=党团知识竞赛

五、组织实施

（一）人员分工

1. 组织委员：组织学生参与活动；组织、协调活动的开展和进行；活动当天做考勤工作。

2. 宣传委员：定制、订购横幅贴挂（场地装饰）。

3. 信息委员：发布微信推文进行宣传；新闻素材的收集记录和准备，撰写新闻稿。

4. 生活委员：准备活动用品，如抽签箱、纸张等的准备。

5. 学习委员：购买奖品和制作证书等。

6. 团支书和班长：负责活动整体策划，邀请老师当评委。

（二）策划工作

1. 统计好参赛选手、工作人员以及评委老师人数。

2. 计划好活动所需物品、设计规划赛程。

3. 遴选党团知识竞赛题库，并交指导老师审阅。

4. 比赛题目分必答题、选号题和抢答题，具体如下：

（1）必答题：每组按人数给题，每人必须答一道题。答对一题加 2 分，答错扣 1 分。规定时间为 10 秒。

（2）选号题：共有三套题，每套题有 6 道题（其中有 3 道 2 分的题目、2 道 3 分的题目、1 道 6 分的题目）。题目序号不定。答对一道题加上相应的分数，答错扣去相应的分数，不答或超时按答错计。规定答题时间为 20 秒，问答题不能超过 1 分钟。

（3）抢答题：共给出 15 题，各组在规定的时间内抢答，哪组的牌子举得快就哪组答题。答对一题加 2 分，答错扣 1 分。规定时间为 10 秒。

5. 设置一等奖 1 名、二等奖 2 名、三等奖 3 名、最具人气奖 1 名。

（三）活动过程

1. 主持人宣布活动开始以及介绍评委，并对比赛规则进行说明。

2. 参赛选手按抽签顺序依次上场，进行第一环节的答题比赛。

3. 第一环节结束后，工作人员统计第一阶段各参赛队员得分。

4. 在第二环节的抢答阶段，主持人要与工作人员高度配合，确保比赛顺畅有序。

5. 两轮比赛结束后，工作人员统计最后得分，并宣布比赛结果。

6. 主持人邀请评委老师进行点评，并进行颁奖。

7. 邀请获奖人员进行经验分享。

六、活动总结

作为新时代的青年，我们要以史为鉴，从党团的伟大奋斗历程中汲取前进的智慧和力量，让初心融入血脉、把使命扛在肩头。此次活动让青年大学生铭记历史，在青春时光里不忘初心，牢记使命，走新路、开新局，行而不辍。

“学党史、知党情、跟党走”主题团日活动

一、活动主旨

中国共产党走过了百年的辉煌历程，领导中国人民从站起来、富起来到强起来的伟大飞跃，取得了举世瞩目的成就。许许多多革命烈士和劳动人民用鲜血和汗水，谱写了一曲又一曲的壮歌。值此我党百年华诞之际，班级团支部组织开展“学党史，知党情，跟党走”主题团日活动，使同学们深入了解中国共产党领导中国人民作斗争的光辉历程。

二、活动主题

学党史、知党情、跟党走。

三、活动形式

开展主题班会，重温军事训练，参观教育基地。

四、资料准备

（一）物资准备

准备团旗、团徽、录像设备、游戏道具等。

（二）参考资料

1. 中国共产党百科，https：//baike. so. com/doc/1475840 - 1560614. html
2. 入团第一课，https：//v. qq. com/x/page/n03992rkrg6. html?

五、组织实施

（一）活动前期

1. 团支书召开班级会议，讨论相关活动方案，确定活动流程。
2. 提前准备好所需物品，生活委员做好登记。
3. 做好人员分工：

（1）团支书负责活动统筹，跟进活动流程；

（2）班长负责协调工作；

（3）组宣委员和实践委员组织同学参加活动，做好宣传；

（4）考勤员负责人员签到等工作。

（二）活动展示

1. 开展主题班会：集体奏唱国歌、团歌，重温入党、入团誓词。团支书播放“入团第一课”，讲解中国共产党简史，学习习近平总书记在庆祝中国共产党成立100周年大会上的重要讲话精神。

2. 重温军事训练：全体成员到操场集合，重温入学军训时的军事训练。复习站军姿、踢正步和军体拳等，提醒同学们不忘奋斗艰辛，牢记使命。

3. 参观教育基地：将成员分为3个小组，分别前往广州起义纪念馆、三元里抗英斗争纪念馆、黄花岗七十二烈士墓园等地参观、学习。

六、活动总结

以“学党史，知党情，跟党走”为主题的团日活动形式多样，充分调动了同学们参与的积极性。加强了对青年学生中国近现代史的教育，使青年大学生了解我们党自成立以来领导全国各族人民战胜各种艰难险阻、谱写中华民族自强不息、壮丽凯歌的光辉历程，从而深刻理解党的领导是历史的选择、人民的选择，深刻理解只有中国共产党才能救中国。引导团支部成员坚定理想信念，坚定不移地跟党走。同时，这次团日活动提高了同学们的思想觉悟，增强了班级建设的凝聚力。

我为团徽添光彩
——纪念“五四”运动 100 周年团日活动

一、活动主旨

以“青春心向党，建功新时代”重要思想为引领，围绕庆祝中华人民共和国成立 70 周年、“五四”运动 100 周年开展教育实践活动。坚持以理想信念教育为核心，通过系统回顾党领导人民进行革命、建设和改革的伟大历程以及中国青年运动的光辉历史，集中展示中华人民共和国成立以来特别是党的十八大以来取得的举世瞩目的巨大成就，引领广大青年弘扬以爱国主义为核心的民族精神，激发其矢志投身新时代为中国特色社会主义伟大胜利的新征程而奋斗。

二、活动主题

青春心向党，建功新时代。

三、活动形式

讲团课、有奖竞答、志愿服务。

四、资料准备

（一）物资准备

准备团旗、团徽、话筒、眼罩、纸巾、小白花、游戏道具等。

（二）参考资料

1. 历史上的“五四”运动，https://www.iqiyi.com/v_19rugnqwys.html
2. 共青团入团宣言，https://zhidao.baidu.com/question/521642683.html

五、组织实施

（一）前期准备

1. 团支书召开班干部会议，讨论相关活动方案，初步确定活动流程。
2. 申请课室，召开班级会议，广泛收集同学们的建议，修改完善活动计划。

3. 根据流程寻找相关资料、视频、音频，制作演示PPT。

4. 具体分工如下：

（1）团支书负责整个活动的把控，跟进活动，负责新闻稿撰写与PPT制作；

（2）班长负责协调工作和申请活动场地；

（3）副班长负责邀请老师出席活动；

（4）学习委员组织代表进行演讲，审核演讲稿；

（5）组宣委员和实践委员组织同学参加活动，进行场地的布置；

（6）考勤员负责参与的同学签到工作；

（7）信息委员负责拍摄。

（二）活动过程

1. 嘉宾、老师和学生入场后，团支书介绍嘉宾到场并致开场语；播放PPT，介绍本次活动主题、目的和内容。

2. 全体起立，团支书带领大家齐唱国歌、团歌，重温入团誓词。

3. 开展主题微团课，讲解“五四”运动的历程与精神（可请学院领导或老师进行讲解）。

4. 知识竞赛环节。团支书主持竞赛环节，出示相关的题目，可设置有奖竞答，提高同学的积极性。每道题后可增加解答环节，加深同学们的印象。

5. 开展小游戏“勇闯地雷战”——一名同学戴着眼罩，由另一位同学指引走出布满障碍物的“地雷阵”，考验同学们的默契和配合。

6. 按照流程，学生代表戴着小白花前往烈士陵园缅怀革命先烈，弘扬革命精神。

7. 开展“我为团徽添光彩”志愿服务活动。分小组开展校园垃圾分类、无偿献血、养老院当志愿者等活动，践行社会主义核心价值观。

8. 活动尾声，团支书做总结。撰写新闻稿，在微信公众号发布。

（三）学生反馈

A同学：“五四”运动是现代中国青年运动的发端。“五四”运动给我们留下了一笔宝贵的精神财富：爱国、进步、民主、科学的“五四”精神。“五四”精神激励着一代又一代中国青年不断前进、不断发展、不断创新。这次活动让我更有责任感和使命感。

B同学：时代在发展，社会在进步，“五四”精神也在不断丰富和发展。我们要始终保持积极进取的精神状态，努力培养创新能力，发挥创造潜能，把实事办好，把好事办实。

六、活动总结

通过此次活动，让支部团员加深对“五四”运动等光辉历史的了解，增强民族自信心。同时加深同学对彼此的了解，加强团队合作意识，增进同学间友谊，提高组织凝聚力。本次活动提高班委在同学心中的影响力，树立了班委的威信，有助于今后班团活动的顺利进行，也为团支部的建设打下良好的基础。

“青春奔跑　团旗接力”主题团日活动

一、活动主旨

在“五四”青年节举行“青春奔跑，团旗接力”活动，围绕学校进行团旗传递，用特别的方式弘扬“红色精神”，用青春完美地诠释了青年大学生对中国共产党和共青团的热爱，用奔跑的方式体现青年大学生的青春活力。

二、活动主题

青春奔跑，团旗接力。

三、活动形式

奔跑接力。

四、资料准备

（一）物资准备

准备团旗（包括手摇团旗）、团徽，制作横幅，准备饮用水、医疗物资等。

（二）参考资料

1. 兰州大学110周年校庆全球接力跑秦皇岛站视频，https://v.youku.com/v_show/id_XNDIzMTgxMTAzMg==.html

2. 中暑急救办法，https://www.youlai.cn/video/article/276653.html

五、组织实施

（一）活动前期

1. 挂团旗、戴团徽、唱团歌。
2. 邀请老师参加授旗仪式。
3. 准备好签到表，记录同学们的出勤情况。
4. 设计好线路，制作路线平面图。
5. 将班里的同学进行分组，并选好各组组长。

（二）人员安排

1. 班长、副班长、团支书为活动的主要负责人。

2. 组织委员、体育委员、就业委员负责活动人员分组与管理。

3. 宣传委员负责活动过程照片的拍摄、收集与整理。

4. 考勤员负责考勤，检查参加人员是否到齐。

5. 生活委员、文娱委员、心理委员负责场地的清洁并进行监督检查。

（三）具体安排

1. 站点划分：在学校设置南门大门、行政楼、音乐实训楼、北栋、学生宿舍2栋、学生食堂活动中心、美术楼、信息楼、艺体中心、足球场10个站点。

2. 人员组织：将班级人员分到10个小站点，每个站点3人左右。

（四）活动过程

参与活动的同学应服从各负责人的安排与指挥。每一站各有一个站长，早上8点全体成员举行升旗仪式，奏唱国歌，礼毕之后重温入团誓词。

随后各站长带着成员准时在所分配的站点等待。由老师在学校大门举行授旗仪式，正式交接团旗，第一站的站长带着团旗，身后跟着站员。8：30正式开始团旗的传递，摄像人员紧随其后，一站一站地交接，带着神圣的使命，直至足球场红旗处。最后全体同学到南大门国旗下集合拍照留念。

（五）活动后续

整理视频材料，做剪辑，通过微信公众号平台发布并做活动总结。

六、活动总结

本次团支部团旗接力活动大力弘扬了爱国、进步、民主、科学的“五四”精神，增强了共青团员的光荣感和使命感；积极引导团员青年争当时代先锋，争做社会主义核心价值观的倡导者、实践者、引领者。

见字如面——纪念“五四”运动100周年特别活动

一、活动主旨

“烽火连三月，家书抵万金”，一封家书，见字如面，跨过盛衰，细水长流。一封家书，尘封于历史长廊，用坚韧而又温暖的文字传承“五四”精神的生生不息之火。在“五四”运动100周年之际，为激励和动员团员青年继承和发扬五四精神，2021年5月4日，班级团支部组织开展“见字如面——纪念‘五四’运动100周年特别活动”。

二、活动主题

见字如面，家书寄相思。

三、活动形式

朗诵书信、撰写家书。

四、资料准备

（一）物资准备

准备信纸、信封、邮票、笔、胶纸、横幅、海报、录像设备。

（二）参考资料

1. 曾国藩家书视频，https://v.qq.com/x/page/q0862ualgyp.html?

2. 焦裕禄子女写给天堂父亲的一封信，https://mp.weixin.qq.com/s?__biz=MzA3OTg5NzMzNA%3D%3D&idx=1&mid=2651498426&sn=993c30855a8237c548e4c6c1fdc814b1

3. 习近平给父亲的一封信，http://politics.people.com.cn/n1/2017/0618/c1024-29346424.html

4. 陈觉赵云霄红色家书，https://mp.weixin.qq.com/s?__biz=MzIzNzE3MzQzNQ%3D%3D&idx=2&mid=2663972051&sn=d1e0b377acc6a6d5c6f9807bb4ae7520

五、组织实施

（一）前期安排

1. 召开班委会议商量活动方案，确定主持人、活动具体流程、邀请嘉宾名单等。

2. 申请教室，邀请辅导员和班主任出席活动。

3. 选出朗读书信的同学，并提前排练。

4. 组宣委员和实践委员负责场地布置，信息委员负责多媒体设备调控。

（二）具体分工

1. 团支书负责活动统筹，跟进活动进展。

2. 组宣委员和实践委员组织同学参加活动，做好宣传报道。

3. 考勤员负责同学签到等工作。

4. 生活委员负责活动费用支出记录，购买活动用品。

5. 主持人确定活动具体流程，撰写主持稿。

（三）活动展示

1. 所有同学进场以及嘉宾落座后，主持人宣布活动正式开始。活动以嘉宾朗读书信为主要形式，用书信的方式打开“五四”运动100多年来的历史节点，重温书信里的时光和记忆。

2. 见字如面，见信如晤，这些书信总是让我们怦然心动。请3名同学分别上台朗诵《陈觉赵云霄红色家书》《焦裕禄子女写给天堂父亲的一封信》以及《习近平给父亲的一封信》。

3. 3位同学朗读完毕后，进入下一流程，主持人播放《曾国藩家书》视频。

4. 视频看完后进入“一封家书寄相思”环节，生活委员分发信纸、信封、邮票。每位同学各写一封家书，装进信封，贴上邮票，统一交给班长邮寄，活动结束后，将通过邮政局寄出。

5. 最后由辅导员或德育导师进行活动总结、点评，主持人宣布活动结束。

六、活动总结

本次活动，展示了一封封历史长廊上的家书，字里行间显示的是中国人民在国家生死存亡与屈辱之际不断顽强拼搏的精神。“五四”精神，传承有我，一封家书，见字如面；“五四”精神火炬，透过一封封家书激励着一代又一代中国青年。

学习“习近平总书记2023年新年贺词”团日活动

一、活动主旨

2023 年新年前夕，国家主席习近平通过中央广播电视总台和互联网，发表了 2023 年新年贺词。习主席的讲话饱含深情，鼓舞激励着亿万华夏儿女。作为新时代大学生，要更加紧密地团结在以习近平同志为核心的党中央周围，一起向着更加美好的未来不懈奋斗。学习习近平总书记 2023 年新年贺词激励和引领广大学生矢志投身全面建设社会主义现代化国家新征程的伟大实践。

二、活动主题

学习“习近平主席新年贺词”精神，感受中国力量实干笃定前行。

三、活动形式

腾讯会议。

四、资料准备

（一）物资准备

准备团旗，制作 PPT，申请拍摄设备。

（二）参考资料

1. 国家主席习近平发表二〇二三年新年贺词，http://tv.cztv.com/vplay/1309861.html

2. 学习进行时丨行则将至　做则必成——品读习近平主席二〇二三年新年贺词，http://news.cyol.com/gb/articles/2023-01/03/content_wddjVdHRVx.html

3. 国家主席习近平发表二〇二三年新年贺词，一起来看金句，https://news.cnr.cn/native/gd/sz/20230101/t20230101_526111355.shtml

4. 让明天的中国更美好——习近平主席二〇二三年新年贺词凝聚奋进力量，http://bgimg.ce.cn/xwzx/gnsz/gdxw/202301/01/t20230101_38320899.shtml

五、组织实施

（一）前期安排

1.（时值疫情期间）召开线上团支部支委会，建立讨论群，对活动方案展开讨论。

2. 预约线上会议，并邀请班主任、辅导员出席，向同学们发布活动通知。

3. 筹备小组制作好活动所需 PPT。

4. 在班群推送学习资料供大家学习。

5. 做好第二课堂学时申请的有关工作。

（二）具体分工

1. 团支书负责整个活动的掌控，做好团支部手册的记录。

2. 宣传委员在会议过程中对会议全程进行截图存档。

3. 班长主持会议，邀请老师参会。

4. 组织委员负责收集同学们的学习心得。

5. 学习委员负责做好考勤工作。

（三）活动内容

1. 活动开始：学习委员负责考勤；同学们进入“腾讯会议”后，主持人宣布活动正式开始。

2. 视频学习：观看习近平总书记 2023 年新年贺词视频。

3. 感受变化：展示 2022 年国家发生的大事件，并结合学习文件解析背后的重要原因。

4. 阐述想法：团支书向同学们阐述在新的一年，团员及广大青年应如何在中国式现代化过程中贡献自己的青春力量。

5. 畅所欲言：团员代表对学习内容进行总结、谈感受。

6. 老师发言：班主任老师总结活动并宣布活动结束。

六、活动总结

本次活动很好地激励和引领广大学生深化实施基层团支部“活力提升”工程，培育和践行社会主义核心价值观，引导学生感受中国声音、中国瞬间、中国故事，坚定理想信念；增强“四个意识”，坚定“四个自信”，做到“两个维护”，踔厉奋发、笃行不怠，唱响“请党放心，强国有我”的时代强音。

立鸿鹄之志　做奋斗青年
——深入学习“党的十九大精神”主题活动

一、活动主旨

一代人有一代人的梦想，一代青年有一代青年的历史际遇和使命。活动旨在深入学习贯彻党的十九大精神和习近平新时代中国特色社会主义思想，引导广大青年要肩负历史使命，坚定前进信心，立大志、明大德、成大才、担大任，努力成为堪当民族复兴重任的时代新人。

二、活动主题

立鸿鹄之志，做奋斗青年。

三、活动形式

红歌合唱、有奖竞猜、节目表演。

四、资料准备

（一）物资准备

准备团旗、班旗，制作横幅、海报，申请多媒体课室和拍摄设备。

（二）参考资料

1. 党的十九大短片，http://tv.cctv.com/2017/10/17/VIDENdjTMVqUyBOIfxGNacUm171017.shtml

2. 《中国很赞》手指舞，http://video.baomihua.com/v/39959642

3. 潮汕歌谣，https://zhidao.baidu.com/question/2398342607899095 64.html?ivk_sa=1022817r

五、组织实施

（一）前期安排

1. 团支书组织班委会议，确立活动组织形式。

2. 明确人员分工，申请场地、准备相关物资。

3. 邀请班主任对活动进行指导，做好宣传报道工作。

（二）活动过程

1. 结合当前网络热门话题“中国很赞”，表达对祖国巨大发展成就的赞美之情，伴随优美动听的歌曲《中国很赞》，同学们集体演绎手指舞。以宿舍为单位展现各自风格，为新时代点赞，生动活泼展现班级青春活力。

2. 以班级为单位倾情合唱激情洋溢的《强国一代有我在》，随着极富感染力的词曲响起，同学们激情澎湃，热情洋溢，在响亮动听的歌声中感受祖国的发展伟力。

3. 组织班级开展“党的十九大专题学习”有奖竞猜活动，分为四个部分：

（1）活动开始，播放党的十九大会议短片，介绍党的十九大召开概况。

（2）通过讲解 PPT，团支书介绍党的十九大报告。

（3）采用竞答方式，开展党的十九大知识学习。

（4）加入具有中国传统文化、民族特色和展现青春活力的节目表演，如饱含潮汕特色的潮汕歌谣演唱，代表民族团结友爱、展现藏族文化的藏族歌曲《一个妈妈的女儿》，象征青春活力全民运动的健身操等。各具特色的文化演绎碰撞，班里同学都积极参与其中，使博大精深、源远流长的中国文化深入同学们的心中。

（三）活动后期

1. 信息委员筛选照片、视频，发给宣传委员。

2. 宣传委员对照片、视频进行后期处理，发布微信推文。

3. 团支书对本次活动进行总结。

六、活动总结

这次团日活动，形式多样，结合当下耳熟能详且参与性较强的爱国主题手指舞、优美动听的青年强国歌曲演唱、党的十九大相关内容问答，倡导对传统文化、民族文化的探寻和感受，与时俱进又具青春活力，与党的十九大精神内容相契合，让全体同学对党的十九大精神有了进一步的学习和理解。在活动开展过程中同学们都能积极配合，主动出谋划策，尽情传达其对传统文化的喜爱和自豪感，展现出青年学生奋斗的青春风采和朝气活力！

“坚持以中国式现代化推动中华民族伟大复兴”主题团日活动

一、活动主旨

为深入学习、宣传、贯彻党的二十大精神，继承党的优良传统和作风，弘扬革命先烈不畏艰险、勇于献身的精神，牢记习近平总书记嘱托，坚定理想信念，筑牢精神之基，厚植爱国情怀，以实现中华民族伟大复兴为己任，团支部组织开展“坚持以中国式现代化推动中华民族伟大复兴”主题团日活动。

二、活动主题

坚持以中国式现代化推动中华民族伟大复兴。

三、活动形式

进行腾讯会议，线上收听、收看。

四、资料准备

（一）物资准备

选择线上会议平台、申请拍摄设备。

（二）参考资料

1. 坚持以中国式现代化推进中华民族伟大复兴，https：//export. shobserver. com/baijiahao/html/537425. html

2. 习近平：始终坚持一切为了人民一切依靠人民　以中国式现代化全面推进中华民族伟大复兴，https：//baijiahao. baidu. com/s?id = 1747493771555432766

五、组织实施

（一）前期安排

1. （时值疫情期间）建立讨论群，召开团支部支委会。

2. 对活动方案展开讨论。

3．预约线上会议，并邀请班主任出席，向同学们发布活动通知。

4．做好技术准备：线上会议同步播放视频学习。

5．在班群推送学习资料供大家学习。

6．做好第二课堂学时申请的有关工作。

7．邀请学院党史宣讲团成员会后进行宣讲解读。

（二）具体分工

1．班长负责通知老师和同学，同时主持会议。

2．团支书负责预定线上会议，做好技术调试，申请第二课堂学时。

3．宣传委员负责活动过程中截屏记录，会后撰写微信推文发布，并组织同学们分享学习心得。

4．学习委员负责做好考勤工作。

5．组织委员负责邀请学院党史宣讲团成员进行宣讲解读。

（三）活动内容

1．宣布活动开始，观看学习视频。

2．团支书介绍什么是中国式现代化，组织同学们说说近年来国家的发展及取得的重大成果，并解析背后的重要原因，让同学们认识到中国式现代化的意义。

3．同学们畅所欲言，表达各自想法。

4．没有发言的同学写100字左右的感想短文发群里进行分享。

5．党史学习宣讲团成员进行30分钟左右的主题宣讲。

6．班主任做总结并宣布活动结束。

六、活动总结

本次活动通过充实丰富的视频学习、理论学习、宣讲团成员宣讲、谈感想体会，让同学们深刻认识到中国式现代化是中国共产党领导的社会主义现代化，既有各国现代化的共同特征，更有基于自己国情的中国特色；也让同学们深刻感受到中国式现代化是人口规模巨大的现代化，是全体人民共同富裕的现代化，是物质文明和精神文明相协调的现代化，是人与自然和谐共生的现代化，是走和平发展道路的现代化，从中感受中国式现代化的重要意义，加强为中国式现代化贡献青春力量的意识。

第二篇

践行社会主义核心价值观

“歌唱我和祖国　献礼祖国华诞”
爱国主义教育主题活动

一、活动主旨

活动旨在通过歌唱祖国的方式庆祝中华人民共和国70周年华诞，向祖国母亲献上诚挚的祝福。学习和演唱爱国歌曲《我和我的祖国》，引发同学们对祖国由站起来、富起来到强起来的伟大飞跃的共鸣，激发学生们为实现中华民族伟大复兴的中国梦的斗志，加强大学生对建设强大祖国的自豪感、荣誉感、使命感，深化爱国主义情怀。

二、活动主题

歌唱我和祖国，献礼祖国华诞。

三、活动形式

举行合唱活动。

四、资料准备

（一）物资准备

准备团旗、班旗，制作横幅海报，申请拍摄设备。

（二）参考资料

1. 班级合唱《我和我的祖国》表白建党一百周年，https://www.bilibili.com/video/av715654784/

2. 《我和我的祖国》班级红歌合唱，https://www.bilibili.com/video/av806324231/

五、组织实施

（一）活动前期

1. 确定主题。围绕社会热点问题、关心的话题等进行调研，确定活动主题和形式，预估参与人员的范围及数量。

2. 部署工作。召开班委会议，研究活动流程、时间、地点、参与人员、设备道具等，及时下发通知。

3. 多方动员。与学院学生会等部门联合策划，充分利用现有资源和环境；组织人员拍摄视频和录制音频。

4. 组织实施。进行活动宣传和动员，确定拍摄地点、到场人数以及拍摄形式等事项，申请多媒体课室。

5. 专业指导。邀请学校音乐专业老师或同学指导同学们演唱歌曲《我和我的祖国》。

（二）活动流程

1. 开展集中训练。组织班级全体同学集中练唱歌曲《我和我的祖国》，让同学们对“中华人民共和国成立70周年”这一重大的历史时刻有更深刻的体会。

2. 选取拍摄地点。对全体同学进行拍摄地点的分配，在学校各校区的校园一角和附近红色革命基地等地点取景，突出学院和专业特点。

3. 拍摄视频。向学院新媒体部申请视频拍摄技术支持，设置6个地点的视频拍摄，在拍摄过程中追求资源利用最大化，最优利用现有资源并进行合理配置。

4. 进行音频采集。为使视频效果更佳，采用后期补音方式解决视频拍摄时收音嘈杂的问题。

5. 视频后期剪辑。为呈现更好的活动效果，组织班级同学进行视频的剪辑和后期工作。

（三）后期工作

1. 团支部成员根据活动开展情况撰写活动心得，各团小组整理并留存。

2. 班委对本次活动的策划、组织进行总结，撰写推文在微信公众号发布。

六、活动总结

《我和我的祖国》歌曲承载着厚重深沉的社会、历史、政治内涵，承载着感念祖国人民艰苦卓绝的奋斗历程的心灵悸动，承载着人民热爱祖国的情感。在同学们嘹亮的歌声背后，表达了青年学子对伟大祖国的依恋和真诚歌颂。这次活动展现了团支部的活力与朝气，同时提升了基层团组织的凝聚力和影响力。

“关注时政 理性思考”主题团日活动

一、活动主旨

活动旨在激发青年学生的理性爱国热情，在面对重大国际问题时理性思考。培养同学们的爱国情操，以及民族自尊心、自信心和自豪感，弘扬理性爱国主义精神。学思结合、知行合一，因材施教，进一步提高社会实践人才培养质量。

二、活动主题

关注时政，理性思考。

三、活动形式

小组讨论。

四、资料准备

（一）物资准备

购买维修工具和常用材料、制作横幅和海报、申请帐篷等物资。

（二）参考资料

评精锐时事，展独特视角——马克思主义学院“我是时事评论员”演讲初赛，https://site.gdupt.edu.cn/mks/info/1056/2445.htm

五、组织实施

（一）活动准备

1. 明确主题。围绕社会热点、时政问题或学生关心的焦点话题等进行校园内调研，确定活动主题，以团小组分组完成的形式，收集相关资料，撰写小组发言稿。

2. 准备工作。召开班委会议，研究、部署活动具体流程，确定时间、地点，邀请指导老师，确定宣传形式、参加人员、设备道具等，并及时下发通知；申请活动场地。

3．相关事项。细化工作分工，进一步明确活动流程，及时做好活动线上、线下同步宣传工作，提高学生参与活动的积极性，强化主题团日仪式感，保证每组成员的汇报都具有一定深度、高度，严格把控发言内容的质量。

（二）活动流程

1．介绍主题活动背景、意义和开展形式。

2．观看时政热点视频、展播系列图片，回顾当前形势下国家时政热点。

3．团小组讨论。分小组针对视频、图片内容展开激烈讨论，随后由各小组代表就讨论结果进行总结发言，并展示小组准备的PPT。每个小组发言时间不超过5分钟。该环节邀请指导老师进行逐一总结点评。

4．师生互动，答疑解惑。与会嘉宾对同学提出的问题一一进行解答。

5．团支书对活动进行总结。

（三）后期工作

1．团支部成员根据活动开展情况撰写活动心得，各小组做活动总结。

2．班委对本次活动的策划、组织进行总结，提出完善意见，并就此类活动的常态化进行规划。

六、活动总结

通过青年喜闻乐见的活动形式，增强学生服务国家、服务人民的社会责任感，以及勇于探索的创新精神，提高解决问题的实践能力，有效激发了团支部活力，提升了基层团组织的凝聚力和影响力。

主题团日活动发挥重要作用的关键是要注重培育团员理性思考的能力，既要有理性的爱国情操，也要有弘扬社会主义核心价值观的理想信念；既要做好校园思政工作前阵地的建设，也要做好师生互动交流常态化工作。要在校园思想引领工作中下真功夫，强化团支部的思想引领作用。

“颂师情　念师恩”主题团日活动

一、活动主旨

在教师节/毕业离校日/感恩节，班级团支部组织“颂师情　念师恩”谢师恩活动，旨在培养学生尊师重教的情感意识，进一步提高学生自主能力、语言表达能力。通过歌颂老师的辛勤付出，让学生感受到教师的默默耕耘，由衷地向老师表示敬意，并通过实际行动表达对老师的敬爱之情。

二、活动主题

颂师情，念师恩。

三、活动形式

通过新媒体平台向老师表达感恩之情。

四、资料准备

（一）物资准备

制作横幅和海报、申请拍摄设备等。

（二）参考资料

微视频：感念师恩，感谢您教我长大，https://www.360kuai.com/pc/9bb6e47b0bae9e329?sign=360_c9d79732

五、组织实施

（一）活动策划

1. 明确主题和方式。召开班委会议，讨论活动方式和具体要求。组织学生借助易班APP、微博、微信等新媒体平台进行表达，对老师说一句话。可以统一编辑字体，格式为：“颂师情　念师恩　我是×××（姓名或身份），我想对×××（恩师的姓名）老师说……（最能表达对老师感激之情的一句话）!”

2. 发挥短视频传播优势。组织同学通过拍摄短视频集体送祝福方式向老师表达谢意。内容可以多样，如合唱歌曲、朗诵诗词、讲述与老师的难忘回忆等。

（二）活动展示

1. 组织广大同学编辑一句最想对老师说的话，利用易班 APP、微博、微信等新媒体平台展示出来。由大家投票，从中评选出最美、最动情、最能体现广大同学心声的句子，并在微信公众号展示出来，为辛勤耕耘在教学、科研、服务第一线的老师们送上最真挚的问候和祝福，突出本次活动尊师尚学的主题。

2. 在易班 APP 上设计一个主题墙专栏，让同学们在这里发布对老师的感恩之情。老师们可以在主题墙阅览、观赏，还可以在墙上和同学们互动，促进感情交流，拉近师生的距离，互相激励、互相进步。

（三）活动反馈

学生 A：活动的形式便捷高效，可以很好地让我们与老师互动、交流感情，拉近师生距离，让更多的同学有机会与老师近距离接触。通过新媒体方式，使一些平时不敢当面表达的同学能够大胆地对老师表达感谢之情。

学生 B：这是一件很有意义的事，临近毕业，校园生活总是让人难忘，除了家人之外，老师是我们最亲近的人。通过这次团日活动，让我们走近老师，把对老师的感恩之情通过新媒体平台诉说出来。我们毕业之后，还可以时常回来看看，怀念一下大学时光，怀念老师教诲，以此鞭策自己不断前行。

教师 A：当看到学生们通过各种新媒体平台发布向老师们表达感恩之情的祝福语，内心十分感动和欣慰，感受到了学生们热爱生活的活跃青春，感受到了尊敬师长、团结同学的奋斗青春。同学们的用心、懂事是促进我们继续前行的最大动力。

六、活动总结

通过新媒体平台，让同学们很好地与老师们互动，表达学生对老师的感恩、感激之情，进一步弘扬了“尊师重教”的风尚，培育了学生的感恩之心。同时充分调动了每一位同学参加团日活动的积极性，加强了班级的凝聚力和向心力。

“诚信我为先”主题团日活动

一、活动主旨

“诚者，天之道也。诚之者，人之道也。”诚信是中华民族的传统美德，更是当代大学生立身为人、成长成才的必备品质。活动旨在引导学生深入学习、践行社会主义核心价值观，增强诚信意识，培养诚信品质。

二、活动主题

诚信我为先。

三、活动形式

情景剧表演、宣誓仪式、主题宣讲。

四、资料准备

（一）物资准备

准备团旗、班旗，制作横幅、海报，申请拍摄设备。

（二）参考资料

1. 诚实守信，各个学院积极开展诚信教育活动（一），https://mp.weixin.qq.com/s?—biz = MzA5NzU4MzQwMw = = &mid = 2651235963&idx = 1&sn = 1030bb48fadafc2b1204580eeb87727f&chksm = 8b6cae3fbc1b272972b2b1b06b2b10304cb1336d380fbf0e606ccffd4a8182e95808ddd64003&scene = 27

2. 大学生诚实守信微视频，https://www.bilibili.com/video/av67248648/

3. 大学生讲思政课公开课——诚信，https://www.bilibili.com/video /av59339708/

五、组织实施

（一）前期准备

1. 组织班委召开活动研讨会，确定活动形式、主题，活动时间、地点等；申请多媒体课室。

2. 团支部内部讨论，根据网络调查和收集的同学们的意见，对大学生诚信问题案例进行分类，发动班委查找相关资料或视频。

3. 宣传委员制定诚信应考的承诺书（或横幅），负责活动宣传报道。

4. 情景剧的剧本确定后由班委和演出同学进行协商，确定排练的时间、地点，并组织排练；负责编剧的同学带领演出同学熟悉剧本，反复琢磨剧中人物，强化舞台效果。

5. 团支书邀请老师做专题宣讲；与班长负责活动宣传，制作PPT。

（二）活动过程

1. 活动开始：主持人介绍活动的主题和活动流程，讲解诚信的定义和时代价值。

2. 第一环节：典型案例情景剧表演。通过校园常见的大学生与诚实守信相关的典型案例进行角色扮演和生动演绎，如按时归还图书馆借书、拾“手机”不昧、饭堂“逃单”、偷快递和外卖等案例，寓教于乐，使同学们认识到诚实守信的重要性。

3. 第二环节：举行诚信应考宣誓仪式。全班同学庄严宣誓“诚信考试、严肃考风，创造维护公平、公正考试环境”，并签署承诺书，立志做社会主义核心价值观的坚定信仰者、积极传播者、模范践行者。

4. 第三环节：邀请辅导员讲解办理助学贷款的还款流程、相关政策，强调了个人征信的重要性，教育引导学生讲诚信、知感恩。讲解毕业生工作应聘时应注意的几个诚信事项，提醒同学们在工作应聘和面试时应实事求是、不得弄虚作假或夸大其词，引导同学们在校期间强化专业学习，提升就业竞争能力。

5. 第四环节：开展反诈骗活动宣传。主持人用丰富、生动的案例通过PPT展示，指出校园贷款、网络购物、网络电信诈骗、网聊交友等常见诈骗的套路与手段，动员学生下载“国家反诈中心”APP，提高同学们识骗、防骗、拒骗的安全意识，增强同学们自我保护和安全防范能力。

六、活动总结

诚实守信是中华民族的传统美德，是大学生践行社会主义价值观的重要内容。举办此次活动，使同学们提高对诚实守信重要性的认识，养成良好的诚实守信行为习惯，教育和引导大家进一步增强诚实守信的思想意识，并不断把该意识内化为日常学习和生活中的自觉行动。本次班级活动内容丰富、形式多样，学生参与度高，提高了主题教育的成效。

用画笔留住风景　让爱追随校园
——广东省外语艺术职业学院建校40周年主题活动

一、活动主旨

为喜迎广东省外语艺术职业学院建校40周年，加深同学们对母校辉煌历史、文化底蕴的了解，践行学校校训精神，展望未来的美好前景，通过组织学生参观校史馆、对话优秀校友、寻访校园美丽景点等活动，进一步激发同学们的知校、爱校、荣校之情。

二、活动主题

用画笔留住风景，让爱追随校园。

三、活动形式

参观校史馆、绘制校园地图、录制祝福视频。

四、资料准备

（一）物资准备

制作横幅，准备团旗、画笔、画纸、胶水、录像设备。

（二）参考资料

1．参观校史馆策划方案参考，https://wenku.baidu.com/view/13ddd7c258f5f61fb7366639.html

2．校史拾掇——广东省外语艺术职业学院，https://mp.weixin.qq.com/s?—biz=MzAwOTEzMjA0OQ%3D%3D&idx=2&mid=2652492034&sn=aa745fec6e9c4b23cf9664848bd341c0

五、组织实施

（一）活动前期准备

1．团支书召开班干部会议，讨论相关活动计划，初步确定活动流程。

2．召开班级会议，广泛收集同学们的建议，修改、完善活动内容。

3．根据流程寻找相关资料如视频、音频，制作演示PPT。

4．具体分工如下：

（1）团支书负责整个活动的掌控、跟进活动、新闻稿的撰写与制作PPT；

（2）班长负责协调工作和申请活动课室；

（3）副班长负责邀请出席的老师；

（4）学习委员组织一些代表做演讲；

（5）组宣委员和实践委员组织同学参加活动和场地的布置并将当天的活动发到校园网主页、易班APP，将活动视频上传优酷；

（6）考勤员负责考勤；

（7）信息委员负责摄影。

（二）活动过程展示

1．参观校史馆。

提前与校史馆负责人预约，定好参观时间、人数，准时到达，不影响其他班级参观。活动当天，团支书清点好人数，工作人员讲解参观注意事项，同学们文明有序地参观。学校的许多成就吸引了同学们，名人榜前也驻足了许多同学。

2．校园地图绘画比赛。

举办"我心目中的母校"绘画比赛，将爱凝聚在笔尖。可以画学校的平面图，也可以画学校中让你欣赏的一角。最后让同学们讲解自己的作品。班委提前设计好比赛的规则、评分方式（采用了现场评分+网络投票得分）以及提交方式。活动结束后，收拾好所有工具，做好清理工作。

3．录制校训视频。

用不同的语言喊出学校的校训，有同学选择英语、日语、韩语、法语、西班牙语，也有各地区的方言如潮汕话、粤语、客家话等，进行视频录制，最后全班再一起用普通话表达了对学校的热爱。

六、活动总结

通过参观校史馆进一步了解学校历史，让同学们为学校的辉煌历程感到骄傲。活动形式多样，内容丰富，同时也看到了同学们的奇思妙想。

此次活动准备充分，大家通过参与活动，更全面充分地认识学校。相信通过努力奋斗，同学们也会成为许多辉煌故事的缔造者。

“消除‘课桌文化’，从我做起”课室清洁活动

一、活动主旨

“课桌文化”是指学生在课桌上涂写的内容所映射的文化现象，每个阶段的“课桌文化”都代表了一个时代特征。现在的“课桌文化”则变成学生发表个人情感的“平台”，课桌涂鸦不仅会损坏课桌的整洁美观，还破坏了学习设施，是一种不文明行为。清除课桌文化涂鸦，从我做起，共同营造一个干净舒适的工作、学习环境，创造美丽整洁的校园。

二、活动主题

消除“课桌文化”，从我做起。

三、活动形式

义务劳动、集体倡议。

四、资料准备

（一）物资准备

准备水桶、刷子、扫把、垃圾袋、抹布、手套、录像设备。

（二）参考资料

倡议书模板，https://wenku.baidu.com/view/1e426bc39ec3d5bbfd0a7448.html

五、组织实施

（一）活动准备

1. 班长动员班级每一位同学都参与活动，讲解活动流程及其相关事项。
2. 全体同学记录教学楼各间教室课桌涂鸦情况，根据实际情况统一购买清洁用品。
3. 做好活动宣传，起草“保持课桌清洁”的倡议书。
4. 进行分工，安排人员到指定的教室。具体分工为：

活动宣传：全体班委；
活动准备：全体班委；
活动摄影：宣传委员。

（二）活动流程

1. 班长主持，宣布活动开始。

2. 各小组长发放手套、抹布、钢丝球、刷子、水桶、水盆等用品。

3. 清洁教室，同学们在分配的区域进行清洁，针对桌面的涂鸦等进行清洁，并清除抽屉内垃圾。

4. 小组长查看清洁情况，为清洁有困难的同学提供帮助。

5. 清洁完毕，交回清洁工具。

6. 各小组长进行简单总结。

（三）后期工作

1. 各班召开班会，同学们交流各自的心得、体会，并在倡议书上签名。

2. 宣传委员撰写新闻稿。

六、活动总结

1. 预期目的：通过此活动让同学们从自身行为做起，养成良好行为习惯，呼吁同学们重视身边环境保护，保持公共物品的整洁和干净，让更多人爱护公物。

2. 实际成效：以班级为单位，通过班级全体同学的共同努力完成任务，既增进了同学之间彼此感情，又增强了同学们的集体荣誉感，使班集体更具凝聚力。更重要的是起到促进环保宣传和良好行为规范养成的作用，呼吁同学们爱护环境，清洁校园。

“走进敬老院　志愿服务暖人心”志愿服务活动

一、活动主旨

本次主题团日活动以志愿服务形式，带领大家来到敬老院，协助工作人员做好敬老院清洁卫生工作，让同学们关注老年人的生活，感受助人为乐的乐趣和价值。在活动中，按敬老院工作人员的要求合理分配任务，为老人送去温暖。

二、活动主题

走进敬老院，志愿服务暖人心。

三、活动形式

组织学生到敬老院开展志愿服务。

四、资料准备

（一）物资准备

准备团旗、扫把、拖把、水桶、抹布、录像设备。

（二）参考资料

1．大学生志愿者走进敬老院开展志愿服务活动参考视频，https：//v. qq. com/x/page/q0916qtkmiz. html?

2．百度问答——在敬老院做义工主要做些什么工作，https：//zhidao. baidu. com/question/22046825. html

五、组织实施

（一）活动策划

1．前期调查：寻找最适合且需要帮助的敬老院，确定具体位置；与敬老院负责人联系，了解敬老院的实际情况，确认好活动时间。

2．组织策划：本次活动主要是清洁敬老院生活环境。同学们事先要自备抹布、扫把等劳动工具，确定具体工作内容和人员安排。

（二）活动组织

同学们根据预定时间在指定地点集合，清点人数后，统一乘坐公交车到敬老院；到达敬老院后，按工作人员的要求和安排划分区域进行卫生清扫，根据自带的劳动工具进行分工；按照分配的任务各组进行清扫工作，有的同学扫地拖地，有的同学帮助老人们叠被子、整理房间，有的同学陪老人们到户外散步，为老人们进行才艺表演等。

最后，大家与敬老院老人们围坐在一起进行交流，敬老院的工作人员与学生们分享工作中的辛苦与乐趣。

（三）活动总结

本次团日活动从策划初期到活动顺利结束，离不开每个同学的热情投入。在锻炼和消耗同学们的体力的同时，也让大家深刻地体会奉献精神和社会责任感。当代青年应该积极参与社会志愿活动，不断地接触社会、了解社会、服务社会。

六、活动总结

这次团日活动让学生对志愿者活动有了进一步了解，即任何人自愿贡献个人的时间和精力，在没有任何物质报酬的情况下，为改善社会环境、促进社会进步而提供的服务。本次活动的开展，同学们用实际行动弘扬了尊老爱老、敬老助老的中华民族传统美德，加深了同学们对奉献精神和社会责任感的认识。爱是一种责任、一种担当，更是一种力量，愿爱的种子撒满每个人的心田。

“今日倡导低碳　明日绿色生活”主题活动

一、活动主旨

低碳生活是低能量、低消耗、低开支的一种生活方式。节能减排人人有责，提倡“低碳生活”从我做起，使自己的生活方式或者消费习惯进行简单易行的改变。

二、活动主题

今日倡导低碳，明日绿色生活。

三、活动形式

观看低碳宣传视频、设计环保产品并展示、举行演讲比赛。

四、资料准备

（一）物资准备

制作横幅，准备团旗、宣传视频、日常可回收利用材料及配套材料、录像设备。

（二）参考资料

1. 倡导绿色环保低碳　大自然在说话，https://v.qq.com/x/page/o08879cexn4.html?

2. 哥本哈根气候大会最新宣传片 take-easy 广告，https://v.youku.com/v_show/id_XMTM3NTkwMzI0.html?refer=seo_operation.liuxiao.liux_00003308_3000_YvmIba_19042900

五、组织实施

（一）活动准备

1. 收集环保低碳方面知识及近期有关环境的时事报道，提出活动主题。

2. 动员班级每一位同学参与这项活动，确定活动流程及相关事项。

3. 做好活动宣传，调动同学参加积极性。同学们集思广益，发挥自己的想象力，利用身边的废品进行循环利用，把这些废品经自己的巧手改造成一件件特殊的小物件，并在活动上进行展示。

4. 邀请辅导员、班主任到现场指导。

5. 人员分工：

策划及总结：团支书；

活动宣传：全体团员；

活动准备：全体班委；

活动摄影：信息委员；

媒体报道维护：组织委员。

（二）活动过程

1. 活动开始，播放哥本哈根世界气候大会的开幕宣传片及其气候宣传片的视频，向大家介绍近几年温室效应的加剧和全球气候变化的反常来引入提倡低碳生活的必要性。

2. 播放 PPT 展示环境变化相关图片，指出产生原因，让同学们畅谈自己对低碳生活的理解，日常生活中又该如何去实现。

3. 每个小组收集利用自己身边的可利用物品，构思好设计的理念，设计出环保产品。在活动上展示自己的创新产品，向老师和同学阐述作品的环保理念。

4. 播放影片《2012》片段，通过强烈的视觉冲击向同学们展示全球环境污染的严重性，引起同学们的深思，为后面演讲比赛做好铺垫。

5. 以讲述自己身边的真事展开“今日倡导低碳，明日绿色生活”的主题演讲比赛，评出“低碳之星”，并给予奖励。

6. 在活动尾声，组织同学们在“今日倡导低碳，明日绿色生活”的横幅上签名，共同做出承诺。

7. 设置投票环节，把同学们设计的产品拿到学校食堂门口、宿舍区等地方展示，让全校同学投票，最终评出优秀的环保产品。

（三）后期工作

1. 召开班会，同学们交流各自的心得、体会，可以文字和图片的形式展示。

2. 班委会及团支部召开总结会议，点评本次活动，并上交活动书面总结。

3. 发布微信公众号推文。

六、活动总结

活动呼吁同学们重视自己身边的环境，绿色出行，低碳生活。使更多人了解生活低碳方式，参与低碳行动。也借此次活动让同学们拥有一次与他人交流分享的机会，以小组为单位，通过小组成员的共同努力完成任务，从而增进同学之间彼此感情，增强同学们的集体荣誉感，使班集体更具凝聚力；更重要的是起到环保宣传的作用。

“清扫街道　美丽环境”义务劳动

一、活动主旨

活动旨在践行社会主义核心价值观，激发同学们爱祖国、爱生活的热情，保护环境，增强民族自信心和自豪感；使同学们更加了解社会主义核心价值观的精神内涵，做有理想、有道德、有文化、有纪律的社会主义公民。

二、活动主题

集中打扫街道，创建美丽城市。

三、活动形式

进行实践劳动。

四、资料准备

（一）物资准备

准备扫把、垃圾袋、抹布、手套、录像设备、物资登记本。

（二）参考资料

大学生与环卫工人一起对街道进行晨间大清扫，学生：能提高社会责任感，提高个人素质，https://v.youku.com/v_show/id_XNDA4Mzk5NzY3Ng==.html

五、组织实施

（一）活动前期准备

1. 团支书召开班级会议，讨论相关活动计划，确定打扫地点。
2. 提前准备好所需工具，买入或借入工具都登记在册。
3. 做好人员分工，划分负责区域。具体分工如下：

（1）团支书负责整个活动设计方案，跟进活动；

（2）班长负责统筹协调工作；

（3）组宣委员负责撰写文稿，将当天的活动发到校园网主页、易班APP等平台，将活动视频编辑后上传网络平台，扩大影响力；

（4）生活委员负责同学们的安全以及后勤保障工作，负责物品的归还以及所有开销的记录。

（二）活动过程

1. 全班同学集合，班干部清点人数，简要介绍工作内容和要求。

2. 按照具体分工，同学们领取打扫工具，有序地到指定位置打扫垃圾并做好垃圾分类。打扫完毕后由考勤员清点人数，集体回到学校。

3. 短暂休息后，团支书组织大家进行活动总结，向同学们传达社会主义核心价值观的有关内容。会后每位同学交流心得。

六、活动总结

本次活动提高了同学们实践劳动、自主解决问题的能力，增强了同学们的社会责任感，加深了同学们对劳动教育和环境保护意义的认识，让其自觉培养自己的思想道德修养，提高个人综合素质。

“微赞美：讲述‘我身边的友善故事’”班级评比活动

一、活动主旨

活动旨在推进校园“友善”文化建设，让同学们学习“友善”的深刻内涵，向身边的好人好事学习，营造文明和谐的校园环境和同学间团结友爱的氛围，弘扬“友善”精神，引导大学生向上向善，争做新时代有为青年。

二、活动主题

微赞美：讲述“我身边的友善故事”。

三、活动形式

征集关于“友善”的故事，进行展示、评比活动。

四、资料准备

（一）物资准备

制作横幅、海报，申请录像设备。

（二）参考资料

1. 身边好人进校园讲述故事——新时代文明实践（彭泽），https://www.bilibili.com/video/av200458824/

2. 关于开展榜样的力量——讲述身边好人故事的通知，https://doc.xuehai.net/b3d51ee6d88546c7739c57f67468081b6ad0d4e0e-2.html

五、组织实施

（一）活动平台及时间安排

1. 活动平台

“微赞美：讲述我身边的‘友善故事’”活动以班级微信公众号为主要参与、展示平台。

2. 时间安排

（1）活动宣传及作品征集时间：××月××日

（2）作品审核时间：××月××日
（3）作品展示时间：××月××日
（4）作品投票评比时间：××月××日
（5）公示获奖名单：××月××日

（二）活动流程

第一阶段：活动宣传及作品征集阶段，通过班级微信公众号、易班 APP 平台、班级宣传等方式开展宣传工作，并通过班级微信公众号进行作品征集，每天定时整理作品。

第二阶段：作品展示阶段，班级微信公众号开通活动作品展示通道。

第三阶段：作品投票、评比阶段，班级微信公众号开通活动作品投票通道。根据人气百分比和作品质量为标准，评选出 6 个优秀作品（其中人气百分比占 40%，作品质量占 60%）。奖项分别为一等奖 1 名、二等奖 2 名、三等奖 3 名，对应奖项奖励小礼品。

第四阶段：评比结果及展示阶段，优秀作品将通过学院微信公众号进行公布和展示。

（三）参与方式

1. 线上投稿：关注××微信公众号，回复“微赞美”了解更多详情与投稿方式。

2. 线下投稿：可交由学习委员汇总后统一上交。

3. 撰写格式：投稿内容为“我身边的友善故事微赞美辞（300 字内的）+故事配图两张”。具体格式如下：

【讲述校园的友善故事】

我是××系××班的×××同学，我讲述故事的主人公是×××。

×××（身边友善故事的微赞美辞）。

书写榜样风采，汲取前行力量，争做社会主义核心价值观的代言人。

+配图（与内容相关，可以是工作照或是生活照）

4. 投稿方式：把“微赞美辞”用 word 文档形式保存，将图片与 word 文档放入文件夹，文件夹命名为“院系+班级+姓名+联系电话”，打包文件压缩发送至指定邮箱。

六、活动总结

该活动所讲述的真实故事很有教育性，具有较强的感染力，同时活动的全过程通过新媒体等渠道，宣传扩大了影响力，让校园的友善故事更接地气，获得更多关注。该活动引导同学向优秀榜样学习，汲取奋进力量。身边的感人故事将激励大学生们从小事做起，做实事、做好事，提升了个人修养和崇高品质。

“我和我的祖国”爱国主义教育活动

一、活动主旨

活动主旨为，在庆祝中华人民共和国成立 70 周年之际，回顾中国人民 70 年的奋斗历程，弘扬爱国主义精神，增强学生的国家、民族自豪感，将爱国主义教育融入思想建设中，培养青年学生的爱国情怀，极力营造一个热爱祖国的校园氛围。

二、活动主题

我和我的祖国。

三、活动形式

朗诵、歌唱、演讲。

四、资料准备

（一）物资准备

申请场地，准备物资（红布、气球、制作嘉宾牌和 PPT、音响设备）、饮用水、录像设备。

（二）参考资料

1. 毛主席宣布中华人民共和国成立视频，https：// www. bilibili. com/video/BV137411L7By?from = search&seid = 14655040251302729173

2. 庆祝中华人民共和国成立七十周年视频，https：// www. bilibili. com/video/BV1Dt411L77Y?from = search&seid = 14655040251302729173

五、组织实施

（一）前期准备

1. 组织召开班干部会议，讨论活动计划，初步确定活动方案。

2. 召开班级会议，广泛收集同学们对活动方案的意见和建议；与老师商讨，修改完善活动计划。

3. 在班微信群发布活动举办通知。

4. 发布节目报名通知，收集活动演出的节目名单，征集主持人。

5. 与演出节目人员进行协调，确定活动的流程。

6. 邀请老师给主持人、节目排练进行指导。

7. 活动当天各负责人必须提前到达活动现场进行布置，确认活动流程，提前播放 PPT、视频及音乐等，调试现场光线与音量。

8. 活动开始前，提醒同学们在活动中的注意事项，维护现场纪律，调动活动现场气氛。

（二）中期工作

1. 购置、准备活动所需设备及材料；申请多媒体课室。

2. 活动人员安排：劳动委员安排节目排练和演出的地点；文艺委员负责节目并组织排练；纪律委员负责会场纪律和签到工作；生活委员负责经费预算。

3. 组织排练节目、进行活动流程彩排。

4. 布置活动现场、邀请老师出席本次活动。

5. 宣传委员进行现场拍照录像，撰写新闻稿，编写微信推文。

（三）活动过程

1. 主持人介绍活动背景与演出节目。

2. 领导致辞。

3. 活动正式开始，主持人串词。

4. 朗诵《中华少年》（表演者 2 名）。

5. 集体观看关于祖国建设发展的宣传视频。

6. 演唱歌曲《我的梦》（表演者 2 名）。

7. 有奖知识问答，主持人与观众进行互动。

8. 演讲《英雄中国》（表演者 1 名）。

9. 全体演出人员合唱《歌唱祖国》。

10. 主持人宣布活动结束，全体人员合影留念。

（四）后期工作

1. 同学们谈活动感想，个人做思想总结。

2. 利用现场拍摄的图片、视频和同学们的感想编辑新闻稿，制作活动视频。

3. 班委对组织本次活动进行总结，提出修改完善意见。

六、活动总结

本次活动有别于以往的班级活动，这次庆祝国庆的活动形式更加多样，内容丰富。活动中朗诵、演讲、歌唱等遴选了具有一定表达和表演能力的同学，一方面发挥了学生个人能力和特长，激发学生参与集体项目的积极性；另一方面也为学生施展个人才华、展示风采提供了很好的平台和机会。

“抵制毒品侵害　珍惜美好年华”主题班会

一、活动主旨

毒品是人类的公害，它不仅危害人民群众的身心健康，更曾给中华民族带来了深重的灾难，如今毒品问题已成为全球性问题，是当今世界三大公害之一。本活动通过科普预防毒品的基本知识及加强对禁毒的政策与法律法规的宣传教育，以一些积极向上的游戏互动，激发学生珍惜生命、热爱生活的信念，同时使学生掌握自我保护的知识技能，真正做到“抵制毒品侵害，珍惜美好年华”。

二、活动主题

抵制毒品侵害，珍惜美好年华。

三、活动形式

毒品知识科普、手抄报制作、政策宣讲、游戏互动。

四、资料准备

（一）物资准备

准备宣传资料、场地布置用品，申请拍摄设备。

（二）参考资料

1. 2018 机设 2 班修身与禁毒主题班会视频，https://v.youku.com/v_show/id_XMzk0NjMyNjk4MA==.html

2. 2018 会计 2 班禁毒主题班会，https://v.youku.com/v_show/id_XMzk0NzI4OTU0OA==.html

五、组织实施

（一）前期准备

1. 团支书牵头召开班委会议，讨论相关活动计划。确定活动主题、开展形式及活动时间、地点，确立人员分工，相关班委完成该活动的策划书、具体安排等，并由全体班委对活动方案进行初步审核，确定能否执行。

2. 咨询老师，确定整体方案。向辅导员老师咨询，根据老师提出的意见进行完善。

3. 班委讨论，落实具体方案。各班委对最终方案的细节讨论、落实并发布通知，告知同学们活动主题、时间、地点，确保每位同学及时知道并准时参加活动，动员班级每一位同学参与这项活动。

（二）中期准备

1. 团支书负责搜集有关毒品的基本知识、禁毒的政策与法律法规及相关视频制作PPT，提出“抵制毒品侵害，珍惜美好年华”主题，呼吁同学们拒绝毒品，加深同学们对禁毒防毒的理解。

2. 组织委员负责手抄报比赛。

（1）发布消息：组织委员发布通知，告知同学们进行手抄报比赛，每位成员于活动当天带齐制作手抄报的画画工具。

（2）比赛形式：以分组的形式进行（每组3～4人），各小组自己进行分工，在活动当天现场制作“抵制毒品侵害，珍惜美好年华”主题的手抄报。

（3）比赛要求：要求所作手抄报必须是正能量的，有创新教育意义。

（4）比赛细则：制作时间限时50分钟，每组在规定时间内制作好手抄报，并由各班委组织投票，通过投票小程序现场投票，每人可投两组。

（5）奖项设置：一等奖1组；二等奖2组；三等奖3组。

3. 纪律委员负责签到及纪律管理。纪律委员组织同学们签到、签退，各个班干维持班会现场秩序，确保活动按计划顺利进行。

4. 生活委员负责物品购买。生活委员将活动所需物品、奖品的数量、价格、购买链接等整理成文档（注意每一件物品在购买前确保能开发票），并于××月××日前上交，后期将发票上交至负责的老师，若为电子发票，则发送至负责老师邮箱。申请多媒体课室（或是小礼堂、音乐厅）。

5. 组宣委员负责活动宣传。组宣委员做好活动宣传，调动同学们积极性；让同学们提前查找有关毒品的基本知识以及禁毒、防毒的法律法规，可在活动时进行提问或发言。

（三）后期准备

1. 班委发布通知，告知同学们活动当天着正装，不得穿背心、拖鞋等，要求每位同学认真对待此次活动，不得缺勤，如有特殊原因需请假，应提前告知考勤员。

2. 学习委员在活动当天告知每位同学将自己的活动心得、体会整理成文档，且在活动结束后对班里同学进行活动意见及建议的征集，并将所有需要上交的资料于××月××日前上交至学习委员，再与宣传委员将所有素材整理成新闻稿。

（四）活动过程

1. 活动当天相关负责人提前到达现场，布置课室，检查并熟悉教室的相关设备，如电脑、投影仪、音响等，提前播放 PPT、视频及音乐等，调试现场光线与音量，确保视频的正常播放。

2. 活动开始。班长介绍到场嘉宾以及活动背景、目的，讲解活动流程并告知同学们活动期间的注意事项，讲述关于预防毒品等开场语并宣布本次活动正式开始。

3. 政策宣讲。由团支书讲解“抵制毒品侵害，珍惜美好年华”主题 PPT 并科普预防毒品的基本知识、禁毒的政策与法律法规，以及禁毒、防毒的重要性。

4. 观看禁毒、防毒视频。

（1）组织同学们认真观看关于禁毒、防毒的视频，视频播放前相关人员再次检查相关设备，如电脑、投影仪、音响等，确保视频的正常播放。在观看过程中，纪律委员维持现场纪律，活动过程人员不得擅自离场。

（2）视频播放结束后，每组派 1 到 2 位同学作为代表发表观后感，并说出如何才能真正做到禁毒、防毒的个人想法等。

5. 手抄报比赛。由组织委员组织同学们现场制作“抵制毒品侵害，珍惜美好年华”主题手抄报，并进行投票评比。

6. 集体宣誓。

由团支书领誓：

我是中华民族的儿女，不忘耻辱，坚决与毒魔作斗争，珍爱生命，拒绝毒品，保证不吸毒、不贩毒、不制毒、不种毒，积极检举吸贩毒行为，自觉抵制毒品的侵蚀，积极投身于禁毒斗争行列，我将履行禁毒誓言，为国家禁毒事业做出自己应有的贡献。

宣誓人：×××

宣誓时，每位同学必须严肃认真对待，不得嬉笑打闹；比赛环节和发言环节大家要积极，班委注意活跃现场气氛，调动同学们的积极性。

六、活动总结

通过举办此次活动，加强同学们对毒品及其危害性的认识，号召同学们要敢于与毒品相关的一切违法行为作斗争。激发端正同学们珍爱生命、积极向上的人生态度。活动形式多样，同学们参与积极性较高，活动的意义深刻。

爱我中华——爱国主义歌曲班级合唱活动

一、活动主旨

为纪念“五四”运动100周年，庆祝中华人民共和国成立70周年，培养同学们的民族自豪感和国家荣誉感；丰富同学们的校园文化生活，增强班级凝聚力，让同学们在艺术的熏陶中展现爱国之情，团支部以“爱我中华”为主题，组织班级合唱活动，展现当代大学生的活力与追梦热情，弘扬时代精神。

二、活动主题

爱我中华。

三、活动形式

班级合唱。

四、资料准备

（一）物资准备

制作横幅、租赁合唱设备、制作卡牌。

（二）参考资料

1. 合唱《国家》视频，https://v.qq.com/x/page/r3037f0y4px.html

2. 我和我的祖国－班级合唱视频，https://www.bilibili.com/video/av672931516/

五、组织实施

（一）活动准备

1. 申请训练课室，收集班里同学意见，选定合唱曲目。

2. 动员每一位同学参与合唱活动，结合每一位同学对于合唱表演的想法制定出最终合唱方案。

3. 协调同学们的课余时间，安排合唱排练。

4. 确定好领唱者、指挥者、队列队形。

5. 排练前督促每位同学熟悉曲目和舞台动作。

6. 邀请音乐专业老师或师兄师姐进行指导。

（二）活动过程

1. 班干部先确定几首备选曲目并在班级群里投票，最终确定曲目为《国家》。

2. 在班微信群中征集同学们对节目的表演意见，并把可行的想法运用到合唱表演中：

（1）结合活动主题要求，在合唱开始前加入英语讲解；

（2）合唱中加入手语动作；

（3）同学协作用卡纸写上“我爱中华”，并在合唱表演结尾展示。

3. 班里同学利用课余时间进行多次排练，请音乐教育专业的同学进行指导。

4. 为展示更好的表演效果和台风，购买统一的演出服装。

5. 以视频形式记录合唱排练，并用视频参加学院爱国主义歌曲班级合唱比赛初赛。

6. 在初赛的基础上不断改进，做好决赛准备（再增乐器伴奏——箱鼓）。

7. 参加决赛，经过长时间的排练与初赛经历，同学们保持高度热情与积极性，以最饱满的精神面貌参与决赛，最终获得“一等奖”及“最佳台风奖”的优秀成绩。

（三）后期工作

1. 进行活动成果化，将合唱视频发布到网络上，展示班团支部唱出的爱国情怀和青春活力。

2. 对合唱比赛的组织工作进行总结。此次活动负责人及所有班干部都做了充足的准备，各班委相互配合，分工合作，充分调动了全体同学的参与积极性，反响较好。

六、活动总结

通过此次爱国主义合唱活动，使得班级同学有更多交流和合作的机会，培养了同学们的爱国情怀，增强了班级凝聚力，增进同学间的情感。同学们的国家荣誉感和集体荣誉感都得到了提升。

“畅游书的海洋　共创书香校园”读书分享会

一、活动主旨

读书使人明智、读书使人文明、读书使人明理、读书使人善辩、读书使人高尚。学校应充分利用校园现有条件，让学生快乐读书，给学生以展示自我的舞台，养成良好的读书习惯。本活动旨在带动同学们积极掀起阅读的新热潮，营造校园良好的读书氛围；引导学生与经典、好书交朋友，使学生养成热爱读书，博览群书的好习惯。

二、活动主题

畅游书的海洋，共创书香校园。

三、活动形式

读书分享。

四、资料准备

（一）物资准备

准备团徽、团旗，制作横幅和海报，申请拍摄设备，购买小礼品。

（二）参考资料

十本推荐读物，https://baijiahao.baidu.com/s?id=1695580910021032663&wfr=spider&for=pc&searchword=%E4%B9%A6%E5%8D%95%E6%8E%A8%E8%8D%90

五、组织实施

（一）策划工作

1. 召开班委会，按照学院通知要求，研究制定读书分享会的活动方案。

2. 通过小调查，了解班里同学在图书馆借阅书籍、读书等情况，物色好6位同学在活动中做分享，并提醒他们做好相关准备。

3. 发布通知，邀请嘉宾和老师出席活动。

（二）人员分工

全体班委：布置会场，维持活动秩序。

团支书：撰写活动方案，邀请老师、嘉宾，邀请活动主持人。

班长：收集分享者的学习资料并制作 PPT。

宣传委员：负责活动宣传报道。

文娱委员：负责视频和背景音乐剪辑。

生活委员：负责场地申请，灯光、音响租借与归还。

（三）活动过程

1. 主持人介绍活动背景和意义，并介绍到场的嘉宾和老师。

2. 主持人邀请嘉宾上台讲话。

3. 借鉴《朗读者》节目，参与分享的同学介绍自己的读书心得、体会，可以侧重一本书（可以配乐或以 PPT 形式进行展示，时间 3 ~5 分钟）。

4. 个人分享结束后，邀请 6 位分享者再次上台，与主持人围坐在一起讨论“当代大学生的读书意义”话题，并与台下同学进行互动交流。

5. 主持人总结活动，邀请嘉宾、老师和 6 位分享者合影留念。

（四）活动后期

1. 班委召开会议，总结本次活动、商讨下一步如何促进同学们“多读书、读好书”的读书计划。

2. 收集本次活动照片和视频，撰写新闻稿，多渠道进行报道并转发。

3. 通过问卷调查，了解同学们每个月最喜欢看的书，形成学生最喜爱阅读书籍排行榜。用班费购买图书，在学生宿舍一角建立小型书籍借阅柜，供大家阅读。

六、活动总结

此次活动让同学们认识到读书带给人的快乐，读书是学习和成长的最有效的途径之一；将所读的书籍与他人分享，营造大家谈读书、爱读书的氛围。活动以班级为单位，通过班委的组织共同努力完成任务，增进同学之间感情，增强同学们读书的热情，更重要的是促使同学们之间互帮互助，共同学习成长。

“共创文明校园　争做文明学生”主题班会

一、活动主旨

为响应文明城市建设，通过校园“文明月”系列活动，营造良好的校园文化氛围。发动同学们参与校园文明建设，组织同学们开展卫生、文明倡议等活动，提升同学们的综合素质，充分展现了当代大学生的时代风采和精神面貌。培养学生树立“文明之风，从我做起”的文明意识，加强其校园文明服务意识。

二、活动主题

共创文明校园，争做文明学生。

三、活动形式

清洁校园环境、发出共建文明校园倡议。

四、资料准备

（一）物资准备

购买清洁物资如拖把、清洁剂、抹布、手套、垃圾袋等。

（二）参考资料

1. “规范自身行为　创建和谐校园”主题班会，https://v.youku.com/v_show/id_XMTU1MTI4MDYwNA==.html

2. 做文明学生创建文明校园倡议书，https://www.yjbys.com/changyishu/3003870.html

五、组织实施

（一）活动准备

1. 召开班委会，传达学校有关通知要求，结合本班实际，研究本班共创文明校园活动方案。

2. 深入调查了解，组织班委进行实地检查，了解校园环境整治中存在的问题，特别是学习与生活环境中不文明现象，并进行拍照记录。

3. 根据走访调查了解的情况，重点围绕校园公共区域环境清洁、发动同学共建文明校园倡议和宣传等方面，制定本班开展校园文明创建的工作方案；明确人员具体分工。

4. 组织班委按照活动需要的物资列出清单和预算，在获得老师同意并审核后购买物资，申请召开会议场地。

（二）活动过程

1. 召开主题班会，在前期调查基础上展示校园卫生环境和班级上出现的一些不文明行为和现象，启动“共建文明校园从我做起”的系列活动。强调活动意义和重要性，要求每位同学都要参与，争做文明学生的实践者和倡导者。

2. 清洁学习环境：组织全体同学利用课间，分组进行课室清洁和整理实训室。

（1）擦拭门窗、讲台、多媒体操控台；清除桌椅、黑板上的污迹。

（2）摆放、清理实训室物品，整理仪器设备，排查安全隐患。

3. 清洁学生宿舍：发动大家每周一下午开展宿舍卫生清洁活动，并组织宿舍成员互相检查，相互指出存在的不足，并提出改进意见。

4. 清除校园小广告：分组利用课间到厕所等公共区域清除小广告并安排学生值班巡视，对乱张贴的行为进行制止。

5. 制作倡议推文：通过班级微信公众号发布共建文明校园的倡议推文，引导大家从身边做起、从自己做起，争做一名文明大学生。

6. 持续开展一个月以后，召开活动总结会。邀请同学上台分享，展示活动成果。

（三）活动后期

1. 依托本班微信公众号设置“争做文明先锋：我要曝光不文明行为”专栏，发动全体同学对在日常生活中所见到的不文明行为和现象进行拍照取证并上传曝光，组织小分队进行跟进清洁、及时反馈，发挥相互监督、协同共建的作用。

2. 班委对前期活动情况进行总结，将活动过程的照片，特别是对校园环境清洁前后变化进行对比，并撰写新闻稿推文，面向全校进行推送。

六、活动总结

通过开展共建文明校园班级的系列活动，同学们加深了对“文明从我做起”的认识。深刻体会到作为校园一员参与到校园建设的重要性。在前期调研和活动策划阶段，充分发挥同学们各抒己见的作用，激发了同学们参与活动的热情；活动效果显著，使同学们获得了实实在在的劳动成果，体会到了劳动带来的积极影响，增强了广大同学一同建设美丽和谐校园的决心和信心。

“青春洋溢多才艺　献礼祖国七十载”主题团日活动

一、活动主旨

为庆祝中华人民共和国成立 70 周年，纪念“五四”运动 100 周年，根据团中央《共青团中央关于组织开展“青春心向党・建功新时代”主题宣传教育实践活动的通知》和团省委《关于开展 2019 年广东省高校“活力在基层”主题团日竞赛活动的通知》文件要求，组织开展形式多样、内容丰富的主题活动，展示青年大学生才艺。开展“青春洋溢多才艺　献礼祖国七十载”主题团日活动，激励、引领团支部团员弘扬爱国主义伟大精神，树立正确的价值观和人生观，坚定宏伟志向，与祖国共进步，与社会同发展。

二、活动主题

青春洋溢多才艺，献礼祖国七十载。

三、活动形式

朗诵、演讲、知识竞答。

四、资料准备

（一）物资准备

准备团旗、团徽，申请拍摄设备，购买活动小奖品。

（二）参考资料

1. 国旗下的演讲　团课，https://www.iqiyi.com/v_19rvg8kf3s.html

2. 朗诵－可爱的中国（背景音乐和视频），https://www.bilibili.com/video/BV1xK4y1g7du/

3. 适合红色经典类型朗诵背景素材，https://www.bilibili.com/video/BV14Q4y1Y7xE/

4. 《盛世中国》诗词朗诵背景，https://www.bilibili.com/video/BV1MW4y1n7cw/?spm_id_from=333.788.recommend_more_video.29

五、组织实施

（一）活动准备

1. 召开班委会，传达上级有关通知要求，结合本班实际，研究本班活动方案，确定组织方式。

2. 物色朗诵、演讲人员，提前撰写好演讲稿，并请老师审核。

3. 查找相关学习资料，编制知识竞赛题库，并确保题库内容不涉密。

4. 团支书、班长统筹活动整体进程，邀请班主任出席活动。

5. 生活委员购置相关物资，申请活动场地和拍摄设备。

6. 宣传委员对活动进行宣传报道。

（二）活动过程

1. 活动开始，全体团员起立，齐唱国歌。

2. 主持人介绍出席嘉宾和老师，以及活动背景、目的；讲解活动流程及其相关事项，并宣布活动正式开始。

3. 请班主任上台讲授微团课，分享人生经验，对全体团员提出寄语。

4. 围绕“新时代弘扬五四精神”“中国青年的使命和责任”等内容，鼓励团员踊跃发言，由团员代表在团旗下进行演讲。

5. 朗诵红色诗词。

（1）由团支部成员以分组（共 6 组）的形式进行顺序抽签，抽签时每组只允许抽一次，不得重抽，抽签结束后每组按照抽签顺序进行现场朗诵。

（2）最后一组朗诵结束后，休息 10 分钟，休息过程中由班委组织同学们进行现场投票，请同学们以最真实的感受进行投票，相关工作人员对投票结果进行统计。

（3）团支书按照投票结果宣布诗词朗诵的一、二、三等奖及优秀奖，由班主任给获奖小组颁奖并合影留念。

6. 知识竞答。由团支书和组织委员在 PPT 上出示竞赛题目，全体团员都可以参与答题，答对有奖励，参与同学不得作弊，呼吁同学们积极参与，认真作答。

7. 入团宣誓。团支部组织新团员入团宣誓、老团员重温入团誓词，由团支书进行领誓，班主任为新团员佩戴团徽。请新团员发表入团感想，老团员代表发表自己对“团员”的认识，并介绍如何成为一名优秀共青团员。

8. 团支书对此次团日活动进行点评与总结，鼓励与肯定每位同学的积极配合与表现，呼吁同学们弘扬爱国主义精神，在新时代新征程上展现青春风采。

9. 宣布活动结束。

六、活动总结

活动中，同学们通过上台演讲、朗诵，重温入团宣誓，知识竞答等环节，使全体同学厚植家国情怀，爱国主义精神进一步得到升华。

“强化安全意识　共建和谐校园”主题班会

一、活动主旨

开展安全教育是高校思想政治教育的重要组成部分，是提高大学生安全意识和综合素质的主要内容。当前大学生面临的安全情况复杂多样、存在安全隐患的因素增多。常见的安全问题有：人身安全、财产安全、生活安全、交通安全、网络安全等。通过开展安全教育主题系列活动，可增强学生的安全意识，提高自我保护能力，维护校园环境安全稳定。

二、活动主题

强化安全意识，共建和谐校园。

三、活动形式

宣讲、答疑、游戏互动。

四、资料准备

（一）物资准备

购买布袋，提前备好沙子，申请拍摄设备，准备常用医疗物资，购买活动小奖品。

（二）参考资料

1．大学生安全教育主题班会，https：//haokan. baidu. com/v？vid = 5541648181539278188

2．大学生校园安全教育主题班会 PPT，https：//www. iqiyi. com/v_virsqd0nfk. html

3．大学生安全教育（主讲：周通），https：//www. iqiyi. com/v_22r92zscr20. html

五、组织实施

（一）活动准备

1．召开班委会。团支书组织班委开会，确立以“强化安全意识，共建和谐校园”为主题，进行人员分工，申请课室及上报素质拓展项目。

2. 制作PPT。班委提前查找有关安全教育方面知识并制作PPT，围绕大学生中常见的消防安全、财产安全、饮食安全、交通安全和网络安全等方面进行讲述。

3. 活动宣传教育。做好前期宣传工作，并设置知识问答环节和游戏互动环节，撰写游戏规则和注意事项。

4. 场地布置。组织班委布置课室，如对桌椅进行摆放等，检查并熟悉教室的相关设备如电脑、投影仪、音响等，试播放PPT、视频及音乐等，调试现场光线与音量，确保视频的正常播放。

（二）活动过程

1. 宣布活动开始。班长介绍到场嘉宾、班会流程，宣布活动开始。

2. 讲解PPT。团支书进行PPT展示及讲解，讲述大学生常见的各种安全隐患和问题，用生动真实的案例告诫同学们在今后学习与生活中要学会辨别、学会防范、学会自我保护。

3. 问答环节。组织同学们进行安全教育知识问答，主要针对网络安全以及宿舍用电、用水安全等常见问题，提高防范意识。

4. 观看宣传教育片。组织每位同学认真观看安全宣传片，并写下观后感，安排4位同学分享自己的心得体会，强化自身安全意识和自我保护意识。

5. 游戏环节。主持人组织游戏环节，讲解游戏规则及注意事项，并进行热身运动。

（1）袋鼠跳游戏。

项目类型：团队游戏、趣味游戏。

场地要求：平坦、开阔、通风。

需要道具：布袋若干个。每组所用布袋均为同一规格，用明显的标记划出各队的起跑线和跑道线。两队起跑线间距离30米，每条跑道宽1.2米。

（2）详细游戏规则。

①每组比赛四队参加，每队10人。每支队伍分为2个小队，记为A、B，相向各排成一纵队。比赛开始前，每组A队的第一名队员将布袋套至腰部，听裁判员发令后向B队前进，中途布袋不得脱离双腿，至B队时脱去布袋，由B队队员套上布袋向A队前进，如上述循环直至最后一名队员。

②比赛过程中，如有摔倒可以自行爬起，但布袋必须始终套在腿上，如有滑落必须重新套上后方可继续。从开始脱下布袋交接至下一名队员的布袋完全套好前，整个交接过程必须在跑道端线以外进行，不能越线。所有队的比赛结束后，以用时较短的次序评选出3支队伍。

6. 活动总结。班长对本次班会活动进行点评与总结，呼吁同学们提高安全意识，提升自我保护能力。尊重生命，爱护生命，掌握必要的安全防护技能。

（三）活动结束

1. 宣传委员收集活动过程照片和视频，撰写新闻稿，通过各种平台开展宣传报道，扩大活动影响力。

2. 组织同学们撰写活动心得，对可能出现的安全隐患提出解决建议，进一步巩固同学们安全教育学习成果，筑牢学生和校园安全防线。

3. 班级可根据本次活动经验进行总结，为接下来组织开展网络意识形态安全专题教育做好调研准备。

六、活动总结

安全教育是每一位大学生的必修课。通过举办校园安全教育主题活动，使同学们全面系统地学习了公共安全知识，辨别可能出现的安全隐患，提升安全防范能力。本次活动，使同学们关注安全、关爱生命，学会保护自己，共同做维护校园和社会安全稳定的守护者；对提高学生自我教育、自我管理和自我服务的能力有着积极的促进作用，营造了关注安全、关爱生命的校园氛围，为进一步推进学校安全建设，营造和谐有序的校园环境打下良好基础。

“杜绝餐饮浪费　厉行勤俭节约”主题班会

一、活动主旨

为了强化教育引领，落实立德树人根本任务，学习习近平总书记关于厉行节约、反对浪费的重要指示精神，落实学校关于《“制止餐饮浪费　培养节约美德”工作方案》，建立杜绝餐饮浪费，培养节俭美德的长效机制；引导学生树立勤俭节约意识，切实养成勤俭节约的良好习惯，做“杜绝餐饮浪费　厉行勤俭节约”的倡导者、践行者、推动者。提倡文明用餐，践行光盘行动，注意膳食平衡，让健康餐饮成为时代新风；争做节粮爱粮宣传者，引领崇尚节俭的社会风尚。

二、活动主题

杜绝餐饮浪费，厉行勤俭节约。

三、活动形式

观现象谈感受、分享小故事、共同倡议。

四、资料准备

（一）物资准备

制作横幅和PPT。

（二）参考资料

1. “节约粮食，杜绝浪费”主题班会，https://www.meipian.cn/355piw7q

2. 央视公益广告集合－珍爱粮食　杜绝浪费，https://haokan.baidu.com/v?vid=12693278457176545877

3. CCTV公益广告－珍惜粮食　反对浪费，https://www.iqiyi.com/v_1k4q2uhudy0.html

五、组织实施

（一）活动准备

1. 召开班委会，讨论本次班会的组织形式和主要内容，并确定人员分工。

2．组织班委分别在学生饭堂、宿舍等地方对浪费粮食和食品等现象进行拍照取证，注意保护学生个人隐私（如果有学生信息出现在照片中应进行模糊处理）。

3．查阅收集视频、宣传广告和与主题相关的小故事等资料，制作 PPT。

4．发布通知，并确定上台分享感受的人员；申请场地。

（二）活动展示

1．主持人介绍活动背景，传达上级通知要求，强调举办本次班会的意义。

2．播放公益广告视频，展示照片谈感受。播放中央电视台制作的节约粮食公益广告视频，展示前期收集到学生饭堂剩菜剩饭较多、外卖食品浪费等照片，邀请两位同学上台谈感受。

3．分享勤俭节约小故事：邀请 3 位同学上台分享老一辈革命家艰苦朴素、惜粮节俭的故事，如分享毛泽东不满外事活动浪费，提倡减少国宴吃喝；周恩来掉到饭桌上的一粒米一叶菜都要捡起来吃掉；陈云吃饭要把饭菜吃得干净到能“照镜子”。

4．主持人总结活动，呼吁同学们要科学点餐、理性消费、文明用餐，自觉践行“光盘行动”。活动结束后，组织大家在倡议书上签名。

（三）活动后期

1．开展照片征集和光盘行动的宣传和监督，组织其他同学踊跃参与活动，互相监督，进行每日光盘行动，将“杜绝餐饮浪费　厉行勤俭节约”主题活动影响扩大化、常态化。

2．收集身边同学践行勤俭节约的案例或者故事进行宣传，彰显榜样的力量。

六、活动总结

本次班会加强了学生的节约意识，培养了学生“以勤养志、以俭养德”的良好品德。同学们反馈这样的活动非常有意义，希望日后能坚持“光盘”的行为，做到爱惜粮食、节约粮食，在校园里营造了“浪费可耻、节约为荣”的良好氛围。

“恪守诚信　心存感恩”教育主题班会

一、活动主旨

党的十八大以来，高校学生资助政策体系得到了全面完善，从制度上保障了“不让一个学生因家庭经济困难而失学”，实现家庭经济困难学生受资助全覆盖。活动旨在持续推进高校学生资助政策的宣传教育，深入推进资助育人，使学生树立诚实守信的价值观，引导学生心怀大爱、知恩图报、自强不息、勇担重任。

二、活动主题

恪守诚信，心存感恩。

三、活动形式

政策宣讲、故事分享。

四、资料准备

（一）物资准备

收集高校学生资助政策等相关资料。

（二）参考资料

1. “助学、铸诚、筑梦”微视频比赛，https://www.bilibili.com/video/BV1rb4y1h7sk/?spm_id_from=333.788.recommend_more_video.-1

2. 红心向党　感恩资助　宣传短片《我们都一样》，https://www.bilibili.com/video/BV1PK411c7w2/?spm_id_from=333.788.recommend_more_video.3

五、组织实施

（一）活动准备

1. 生活委员梳理高校学生资助相关政策文件和宣传材料，制作PPT。
2. 邀请获得资助的同学进行分享、宣讲。
3. 申请场地、发布通知、做好活动宣传。

（二）活动展示

班会主题围绕高校学生资助政策解读、诚信感恩教育等方面展开。

1. 生活委员带领同学们学习国家关于资助政策的权威文件、学校关于学生奖励与资助管理办法，使同学们掌握国家资助政策内容，了解评选条件和要求，及时申请相关资助。

2. 组织观看国家资助政策体系宣传片，邀请 1 位国家励志奖学金获得者和 1 位“大学生自强之星”获得者分享其成长故事，向同学们传递社会正能量，引导学生树立诚信自我、感恩社会的价值观，提高同学们的思想道德素养。

3. 活动最后，组织同学们在资助诚信感恩倡议书上签名。

（三）活动后期

1. 收集身边同学励志求学的案例或者故事，通过微信公众号、制作微视频等进行宣传，展现榜样的力量。

2. 发动获得国家励志奖学金的同学通过结对子方式，帮助班级学习成绩靠后的同学，互帮互助，共同成长。

六、活动总结

通过学习优秀先进事迹和成功经验激发同学们励志勤勉，敢于接受挑战，争做新时代有理想、敢担当、能吃苦、肯奋斗的好青年。使受资助同学学会感恩，引导同学们知恩、感恩、报恩，自立自强，用实际行动传播正能量。

第三篇

传承中华优秀传统文化

“领略汉字之美　传承中华文化”
学习中国汉字文化活动

一、活动主旨

中国汉字文化源远流长、博大精深，汉字是文化传承的首要媒介，但随着信息化技术高速发展，特别是互联网、计算机等技术的运用，使得我们不再经常用笔书写汉字，对汉字的笔画、组词等越来越陌生，中国汉字文化的内涵和价值被逐渐弱化。本次活动旨在以汉字为切入点，深入挖掘汉字背后的历史文化与传奇故事，使同学们获得更多的汉字知识，深入了解汉字文化，强化认真学习汉字、使用汉字的意识。在校园形成一种学习汉字、学习汉字文化的良好风气，形成一种尊重汉字、感受汉字之美的校园文化。

二、活动主题

领略汉字之美，传承中华文化。

三、活动形式

文字游戏互动。

四、资料准备

（一）物资准备

购买中国文字典籍、制作横幅海报、制作评分表、申请拍摄设备、购买小奖品。

（二）参考资料

1．汉字中的中国文化，https://m.163.com/v/video/VR2IS33DL.html

2．汉字与中华文化，https://www.bilibili.com/video/BV1fv411g7zA/?p=22

3．文化中国－汉字，https://tv.sohu.com/v/dXMvMjI1NzQ2NzY4Lzc3NTQ4OTczLnNodG1s.html

五、组织实施

（一）准备工作

1. 做好绘制、展示活动展板、制作微信推文等工作。

2. 通过查阅资料、借鉴中央电视台“中国诗词大会”比赛模式，准备好相关资料、编制试题库。

3. 申请物资、申请多媒体课室，邀请汉语言专业老师担任评委。

4. 做好分工，发动同学积极参加，相关比赛以团队形式参与。

（二）活动过程

1. 主持人简单介绍学习中国汉字的意义，宣读比赛规则，介绍在场评委，并请各支队进行自我介绍。

2. “我的意思你都懂”——释义写词。

由主持人在台上讲词释义，各队派出一位选手在台下写出对应词语，共分十轮，分小组计算每队猜对词语个数，由高到低对各队排名，其中一、二名为A等级，各加5分；三、四、五名为B等级，各加4分；六、七名为C等级，各加3分。

3. “汉字变变变”——多音字、偏旁。

多音字对决赛：由主持人读出一个拼音，各队在规定时间内尽可能多地写出此读音的字，共三轮，每进行完一轮公布一次各队成绩，最终计算各队写出的所有正确字数。

偏旁对决：主持人给出某一偏旁，各队在规定时间内尽可能多地写出带有此偏旁的字，共三轮，每进行完一轮公布一次各队成绩，最终计算出各队写出的所有正确字数；此轮成绩最后按正确字数数量由高到低排出各队名次，其中一、二名为A等级，各加5分；三、四、五名为B等级，各加4分；六、七名为C等级，各加3分。

4. “飞花令”——诗词接龙。

诗词接龙：由主持人宣读比赛规则，每小队派出两名同学作答。由主持人给出每段诗、词、曲的上几句或下几句，各队代表作答。每道题给30秒钟思考时间，答对一题加一分。最终计算出各队的正确题数，由高到低排出各队名次，其中一、二名为A等级，各加5分；三、四、五名为B等级各加4分；六、七名为C等级，各加3分。

飞花令：请各队代表上台抽签，抽到相同数字的队伍为PK对手，抽到空白纸片的队伍直接进入下一轮比赛。可第一轮比赛中每队各出一位选手，两两 PK，胜出的三支队进入下一轮比赛，失败的三支队伍出局。第二轮继续抽签，四支队伍抽到相同数字的进行 PK，输的两支队伍各加 3 分，赢的两支队伍各加 5 分，比赛结束，计算各队最终得分，并直接与前面几轮成绩累加。

5. 最终环节。

此轮为抢答环节，抢答生僻字。进行二十轮比赛，由各队抢答，每答对一题所在队伍加 1 分，最终计算各队得分，直接计入总分中。此环节是各队需努力争取的重要翻盘机会，竞争十分激烈。此环节各队抢答结束后比赛正式结束，计算各队总分。

6. 邀请评委老师进行点评并进行颁奖；邀请获奖参赛队员进行分享。

（三）后期工作

1. 学习委员将此次活动的竞赛题目进行整理归档，编辑成册。

2. 宣传委员整理活动照片和视频，撰写微信推文，在学校微信公众号推送，扩大活动影响力。

3. 班委对本次活动的策划、组织进行总结，提出完善意见，并就此类活动的常态化进行规划。

4. 团支书组织发放调查问卷，面向全班同学开展调研，了解对此次活动的参与获得感和学习体验感。

六、活动总结

同学们对本次活动的新颖形式表现出较浓兴趣，踊跃参与，取得了比预期更好的效果。此次活动让同学们领略了中国文字之美，感受到中华文化的博大精深。活动丰富了同学们的国学知识，提升了同学们热爱国学的热情，更是吸引了其他班级将此次活动作为模范借鉴，营造了良好的学风和校风。

“诵读国学经典　传承优秀传统文化”主题教育班会

一、活动主旨

国学是中华文化的瑰宝，作为一名当代大学生，多掌握些国学知识，了解中华文化，体验文化氛围，传承国学经典，弘扬爱国主义精神是非常必要的。要引领学生通过诵读经典诗词，感受祖国传统文化的博大精深，接受人文精神的熏陶；培养学生热爱祖国、孝敬父母、尊敬师长、勤学自强的优良品质，努力营造浓郁的班级书香氛围，进一步推进校园文化的建设。

二、活动主题

诵读国学经典，传承优秀传统文化。

三、活动形式

小组诵读比赛，分享学习心得。

四、资料准备

（一）物资准备

准备团旗、团徽，购买经典书籍若干，申请拍摄设备等。

（二）参考资料

国学经典《增广贤文》第09回，https://tv.360kan.com/player?id=6035cf8778f850e2f1f753d8f3de9509&q=%E5%9B%BD%E5%AD%A6%E7%BB%8F%E5%85%B8&src=result-like&srcg=tab_www&sid=7ebfb89746d6a7de1633fea7a6e8087b

五、组织实施

（一）准备工作

1. 召开班委会，讨论活动的组织形式和预期成效。

2. 根据自由组队和统一分组相结合的原则，对全班同学进行分组并完成小组命名，每组8人左右。

3. 收集四书五经、唐诗、宋词等国学经典电子版（四书：《大学》《中庸》《论语》《孟子》；五经：《诗经》《尚书》《礼记》《周易》《春秋》）。

4. 确定每个小组的诵读内容及诵读顺序。

5. 进行人员分工安排：组织委员负责制作 PPT；生活委员负责活动相关物资的借用和购买；宣传委员负责活动宣传报道。

（二）活动实施

1. 主持人宣布活动开始，通过短片/PPT 介绍中华民族优秀传统文化，讲述大学生诵读国学经典、传承优秀传统文化、营造浓厚校园文化氛围对增强民族文化自信和大学生全面发展的重要性。

2. 按照抽签顺序，分小组诵读国学经典（每小组限制 5 分钟的诵读展示时间，内容自选，主诵、辅诵形式不限，要求能体现国学文化、配有 PPT、配有背景音乐）。

3. 结合主题，邀请各小组代表上台分享学习国学经典的经历和心得，播放名家观点，提高同学们的认识。

4. 要求同学们在班会结束后，定期学习国学经典，大胆诵读，提升自我国学文化涵养。

5. 主持人做活动总结，工作人员收集好资料并保管，做好现场清洁。

（三）活动后期

1. 对活动的照片、视频等资料整理归档，撰写新闻报道，扩大活动成效影响力。

2. 定期组织学生开展国学经典诵读活动，营造良好的国学经典学习氛围，提升大学生人文素养。

六、活动总结

本次主题活动使同学们领略了中华民族优秀传统文化的博大精深，坚定民族文化自信。通过同学们的国学学习心得分享，引领同学们热爱中华民族优秀传统文化，主动学习国学经典；并为同学们后续定期学习国学经典，丰富学识奠定良好基础。

“爱经典诗词　弘扬优秀传统文化”古诗词竞答活动

一、活动主旨

五千年的悠久历史，孕育了底蕴深厚的中华文化，有源远流长的古典诗文，那一首首动人心弦的诗词，给了我们美好的享受；那一篇篇脍炙人口的佳作，给了我们无尽的教益。让我们走进古诗文的世界，去感受诗人们质朴、真切的情感；让我们徜徉在古诗文的长河中，去感受博大精深的中华文化。

二、活动主题

爱经典诗词，弘扬优秀传统文化。

三、活动形式

古诗词竞答。

四、资料准备

（一）物资准备

制作横幅和提示牌，准备稿纸、笔、话筒及奖品。

（二）参考资料

1. 闽江师专举办首届大学生中国古诗词大赛参考视频，http://www.iqiyi.com/w_19ru3vi5mt.html

2. 古典诗词大赛试题及答案部分参考，https://wenku.baidu.com/view/6126df1416fc700abb68fc36.html

五、组织实施

（一）前期安排

1. 召开班委会议商量活动进展的相关内容，确定主持人、人员分工、竞答题目范围等；

2. 申请教室，邀请辅导员和班主任出席参加；

3. 提前发布公告，提供竞赛题目大纲，通知同学们做好准备；

4. 主持人明确活动内容以确保活动有序、良好地进行；

5. 班长和生活委员负责购买比赛小奖品；

6. 组宣委员和实践委员负责场地的布置，信息委员负责多媒体设备的调控；

7. 通知全体同学活动时间、地点，确保活动准时开始。

（二）具体分工

1. 团支书负责整个活动的掌控，跟进活动，撰写新闻稿；

2. 班长负责协调工作；

3. 组宣委员和实践委员组织同学参加活动；

4. 学习委员准备古诗词题库；

5. 信息委员负责摄影并将当天的活动发到校园网主页、易班 APP 等平台；

6. 生活委员负责所有开销的记录。

（三）比赛方法

1. 笔试测验。根据 PPT 的题目，参赛者在稿纸写下答案，时间为两分钟。最终依据得分高低，前五名进入下一轮比赛。

2. 抢答环节。主持人宣读抢答环节比赛细则，率先举手者可获得答题机会，答对加 1 分，答错不得分，进入下一题（题目要多准备些），率先得到 10 分的选手获得胜利。

（四）比赛规则说明

1. 参赛者提前 3 分钟进入答题区域准备，进入区域后需要保持安静和区域整洁，不可随意挪动位置，不可交头接耳。

2. 稿纸、草稿统一发放，同学们自备笔。

3. 参赛者有问题可举手提问，请求解决，不可大声喧哗，以免影响其他参赛者。参赛者必须遵守比赛规则，作弊者直接取消其参赛资格。

4. 设置一等奖一名、二等奖两名、三等奖三名、优秀奖若干名，并准备相应的小礼品。

六、活动总结

本次古诗词知识竞赛活动，让同学们爱古诗、读古诗、用古诗；与经典为友、为人生奠基，与名著为伴、塑造美好心灵；在古诗词比赛中学会思考、学会求知、学会做人。

“承成语之美　育国家情怀”班级主题活动

一、活动主旨

成语及典故是中华民族几千年历史的积淀，是中华传统文化的瑰宝，是汉语语言的精华。每个成语的形成都有一个故事，我们可以通过这些成语故事从侧面去了解中华民族悠久的历史、高超的智慧和历久弥新的语言文字。在当今全球化一体化背景下，中西方文化交流已经越来越频繁，在中西方文化交融密切的大趋势下，外语类班级组织同学学习成语以及研究成语英译十分必要，意义深远。

二、活动主题

承成语之美，育国家情怀。

三、活动形式

成语、典故赏析及英译、成语接龙比赛。

四、资料准备

（一）物资准备

制作横幅和报名表，准备稿纸、笔、话筒、奖品。

（二）参考资料

1. 我爱说成语综艺视频，http://3g.163.com/v/video/VRM39DSV0.html
2. 成语英译参考，https://zhidao.baidu.com/question/590810741.html

五、组织实施

成语接龙比赛，比赛要求及规则（分为两部分）。

（一）成语积累我最好

比赛规则：每个人根据主持人出示的内容，补充一个成语（5个），全对的计10分，答错一个或不会的该项不计分。每组全对1人加5分。

（二）成语接龙和英译

1. 成语接龙我最棒。

比赛规则：每个小组推选一个人，参加人数每次 8 人，每组选手根据主持人出示的成语进行一组成语接龙，接对一个加 5 分。

（1）成语接龙一定要用成语接。

（2）可以同音不同字，也可以不同声。

（3）10 秒内每人跟接，即最后跟接者胜。由胜者重新出成语。

（4）选出获胜次数最多的人得到一份礼品。

2. 成语典故英译活动。

根据主持人出示的成语，选手们把其翻译成英文。第二轮是将英文翻译成中文，评委根据意境以及语法的准确率给分。前三名可获得小礼品。

（1）第一轮

爱屋及乌：Love me，love my dog/He that loves the tree loves the branch.

拔苗助长：Spoil things by excessive enthusiasm.

班门弄斧：Display one's slight skill before an expert.

望子成龙：Hold high hopes for one \ 's child.

蓄势而发：Accumulate strength for a take-off.

心想事成：May all your wish come true.

入乡随俗：Do in Rome as the Romans do.

三言两语：in a few words.

固执己见：self-opinion.

错失良机：miss the boat.

横贯平原：crosses the plain.

引人入胜：fascinating.

（2）第二轮

Actions speak louder than words.

事实胜于雄辩。

An idle youth，a needy age.

少壮不努力，老大徒伤悲。

Better pills may have wholesome effects.

良药苦口。

Easy come，easy go.

来得容易，去得容易。

Look before you leap.

三思而后行。

All good things come to an end.

天下没有不散的宴席。

六、活动总结

成语、典故是我国民族文化的精髓，传承成语、典故有利于弘扬民族文化，发扬民族精神。本次活动加深了同学们对成语、典故的热爱，英译成语提高了同学们的专业知识，开阔了视野。活动也丰富了同学们的精神生活，有利于营造良好的校园学风。

"粽叶飘香　团结你我"班级包粽子活动

一、活动主旨

传统节日是中国传统文化的重要组成部分，形式多样、内容丰富，是无形的"非物质文化遗产"。端午节是我国四大传统节日之一，蕴含着深邃丰厚的文化内涵。通过举办班级包粽子活动，让同学们感受传统节日氛围，领悟节日的深刻内涵；同时也锻炼同学们的动手能力，使同学们感受"一粥一饭，来之不易"，更加珍惜粮食，珍惜他人劳动成果。

二、活动主题

粽叶飘香，团结你我。

三、活动形式

包粽子比赛。

四、资料准备

（一）物资准备

准备粽叶、糯米、各类豆子、香菇等食材，以及粽子线、勺子、筷子、胶布、手套、容器、便签和剪刀。

（二）参考资料

1. 包粽子的4种基础方法，https://v.qq.com/x/cover/pmolco87n9lqite/v0507g43c6t.html

2. "团聚端午"主题团日活动视频参考，https://v.qq.com/x/page/w0686jfxmbd.html?

五、组织实施

（一）人员安排

1. 团支书负责跟进活动流程，联系场地以及邀请食堂工作人员帮忙。

2. 教包粽子组（6人）：提前学好多种粽子的包法（至少4种），制作多种标签（可用于标记各类粽子）。

3. 物资组（4人）：由生活委员任组长，购买所需材料如粽子叶、包粽子所需材料（糯米、细线、粽子叶等，容器或塑料袋，登记表，笔，胶布，手套等）。

（二）组织宣传

1. 前期宣传：通过制作标题横幅、海报、微博、广播台投稿等扩大宣传范围。

2. 中期宣传：在活动过程中，在微信公众平台上报道宣传。

3. 后期宣传：在班级微信公众号进行总结回顾及制作活动视频，撰写新闻稿在学校微信公众号发布。

（三）举办包粽子比赛，选出包粽子小能手

1. 评比规则：每人或每组分配相同数量的粽子叶及材料，比赛开始后，哪个组包粽子的速度快、质量好，而且遵守活动纪律、不浪费材料且场地保持最干净，则评定获胜。

2. 利用食堂晚饭后空余时间，在食堂工作人员的指导下，烹煮粽子。完成后发给参赛同学、老师及帮助本次活动的工作人员，送去节日的问候。

3. 各种粽子的馅料：

（1）糯米、花生、五花肉、香菇、虾、板栗。

（2）糯米、五花肉、花生、绿豆。

（3）糯米、五花肉、咸蛋黄、介子豆。

（4）糯米、红豆、黑豆、五花肉。

六、活动总结

本次活动利用端午节这个传统节日加强对同学们中华传统文化认识的教育，同学们亲手包粽子，锻炼了动手能力、合作能力。活动增强同学们对中华文化、地方文化的认同感，坚定文化自信，在思接千古的家国情怀中逐梦前行。

春天放飞理想　纸鸢传承文化
——风筝制作比赛活动

一、活动主旨

“草长莺飞二月天，拂堤杨柳醉春烟。儿童散学归来早，忙趁东风放纸鸢”，这是清代诗人高鼎写的古诗《村居》。这首诗描写了诗人居住在乡村时见到的春天的景象和放学后孩子们放风筝的情景，也展现了我国的纸鸢文化。春风和煦，正值放风筝之时，为了增强大学生的团队合作能力和动手能力，增进同学们之间的感情，使大家享受课余生活的乐趣，在传承优秀中华传统文化中提高民族文化自信。

二、活动主题

春天放飞理想，纸鸢传承文化。

三、活动形式

风筝制作比赛。

四、资料准备

（一）物资准备

制作横幅和海报，准备团徽、风筝材料包和剪刀。

（二）参考资料

1. 风筝制作办法，https://v.qq.com/x/page/i0188zm72y7.html?
2. 中国传统工艺——风筝百科，https://baike.baidu.com/item/风筝/129
3. 制作风筝大赛视频，https://video.tudou.com/v/XMjcxNTE1MjI4==.html

五、组织实施

（一）活动准备

1. 宣传委员设计活动海报，并粘贴在公告栏。

2. 活动前一周，支部人员（4 名）学习制作风筝，后续可指导其他同学。

3. 支部成员的 34 人分为 6 组；生活委员购买 20 份制作材料。可邀请路过同学加入制作。

（二）活动开展

1. 同学们在活动地点集合。

2. 发放材料和制作指南，给予 3 小时的制作时间。

3. 描上自己喜欢的图案，投票选出最美风筝。

4. 活动最后环节，到足球场进行放飞活动。

（三）注意事项

1. 活动仅提供普通风筝制作方法及材料，若个人还需其他用料，需自带。

2. 材料准备宜多不宜少。

3. 所有参与户外活动者必须尊重生态环境，要保护花草树木，不得污染环境。

4. 若当天天气不好，可另择适合之日。

六、活动总结

这次活动，同学们亲手制作了风筝，感受了古代劳动人民的智慧；感受了中国传统文化博大精深、源远流长。身为炎黄子孙、中华文明的传承者，我们要承担起将中华民族传统文化发扬光大的历史责任，将中华优秀传统文化融入血液里和精神里，在发展中前行，在发展中进步。

弘扬优秀传统文化　继承华夏文明
——剪纸比赛活动

一、活动主旨

文化是民族的血脉，是人民的精神家园。中华民族在五千年连绵不断的文明发展进程中创造了博大精深的优秀文化。剪纸是中国最具特色的民艺之一，是中华民族传统文化中的一部分，是中国民间一个古老而富于传统的美术式样。本次剪纸比赛，使每一位同学都能热爱与弘扬中国传统优秀文化。

二、活动主题

弘扬传统文化，继承华夏文明。

三、活动形式

举行剪纸比赛。

四、资料准备

（一）物资准备

制作登记表，准备红纸张、剪刀、胶水、相册和创可贴。

（二）参考资料

1. 剪纸——百度百科，https://baike.baidu.com/item/中国剪纸/397259?fromtitle=%E5%89%AA%E7%BA%B8&fromid=28949&fr=aladdin

2. 剪纸教程，https://haokan.baidu.com/v?vid=7000987891854821907&pd=bjh&fr=bjhauthor&type=video

3. 剪纸活动现场视频参考，https://v.youku.com/v_show/id_XNDE1MTA1NDcyNA==.html

五、组织实施

（一）策划工作

1. 根据以往活动经验和剪纸活动的基本要求，制定活动方案。

2. 罗列活动所需物品，规划活动流程。

3. 邀请指导老师或剪纸非遗传承人、评委老师。

4. 设置奖项：评选一等奖1名、二等奖2名、三等奖3名、优秀奖5名。

（二）预期工作

1. 活动前。

（1）确定好此次活动的地点，并在活动前准备好相应物品。

（2）召开会议，告知活动相关事项，动员本班同学参加剪纸比赛。

（3）事先选好本次活动的主持人及确定好本次评委名单。

（4）制定评分细则。

（5）具体分工：宣传委员制作通知公告，并通过微信公众号发布，让更多学生了解并积极参与此活动；信息委员负责活动拍摄，利用网络进行现场直播。

2. 活动中。

（1）由主持人宣布活动开始，并介绍出席嘉宾和评委老师。

（2）宣读比赛规则。

（3）选手按之前排好的比赛名单，5人为一组依次上场比赛。

（4）统分人员要及时把评委对每位选手的评分条上收，将分数统计好。

（5）工作人员要及时清理本组同学留下的废纸，避免影响下一组同学比赛。

（6）收集评委评分表，进行统分。

（7）宣布比赛结果，邀请评委老师点评。

（8）举行颁奖仪式。

3. 活动后。

（1）相关后勤人员进行会场清理工作。

（2）撰写宣传报道。

（3）将优秀作品在宣传栏上展出，并在网络平台进行展示。

（三）注意事项

1. 每位工作人员要各司其职，沟通协作。

2. 要维护好现场秩序，保持比赛现场安静、整洁。

六、活动总结

通过举办班级剪纸比赛，同学们学习到了剪纸的相关知识和基本剪纸技巧，提升了学生动手能力和审美趣味，在活动中充分感受到中华优秀传统文化的魅力。

各小组在参赛过程中，发挥成员优势，激发同学们的创新思维，培养了团队协作能力，促进班级建设凝聚力。

了解历史文化　展望美好未来
——参观博物馆活动

一、活动主旨

广东省博物馆是国家一级博物馆，也是一间省级综合性博物馆。以广东历史文化、艺术、自然为三大主要陈列方向，分为历史馆、自然馆、艺术馆和临展馆四大部分。其中广东出土文物与金木雕、端砚的收藏最具有特色。参观博物馆有助于我们了解历史文化、以史鉴今，提升同学们的历史文化涵养。

二、活动主题

了解历史文化，展望美好未来。

三、活动形式

参观博物馆、学习交流。

四、资料准备

（一）物资准备

制作横幅，准备摄影工具、小国旗。

（二）参考资料

1. 广东省博物馆的百度百科，https://baike.baidu.com/item/%E5%B9%BF%E5%B7%9E%E5%8D%9A%E7%89%A9%E9%A6%86/1628441

2. 去过广州博物馆的笔记，https://www.xiaohongshu.com/discovery/item/5be 3f19e672e14461356f6f0

五、组织实施

（一）活动前期安排

1. 团支书组织召开班委会议，确定人员分工、邀请老师、向学院提交班里同学集体外出的申请。

2. 提前规划好往返路线，确定出发时间和集合地点，规划具体的参观路线。

（二）活动人员安排

策划及总结：团支书；

活动宣传：全体团员；

活动准备：全体班委；

活动摄影：宣传委员；

媒体维护：组织委员。

（三）活动宣传

1. 前期宣传：班委制定全面的博物馆参观计划流程，并在班会展示图片内容和PPT。

2. 中期宣传：将班会上分享的照片、视频分享到微信朋友圈。

3. 后期宣传：将同学们分享的故事整理成电子版，发布在团支部的微博上，并在学校微信公众号展示。

（四）活动开展

活动当天，老师以及全体同学到达目的地后，在班委带领下进馆参观。首先来到广东历史文化陈列展厅，随后同学们可各自结伴参观不同的陈列厅。

六、活动总结

此次活动使同学们受益匪浅，大家激动地分享各自对馆内印象最深刻展厅的情况，有书法鉴赏、美术鉴赏、香粉鉴赏、瓷器鉴赏等。此次活动让同学们更进一步了解广东历史文化、发展进程和文物宝藏，有助于提升同学们的文化自信；领悟在生活中学会发现艺术之美、历史之美，感受中国文化的博大精深。

“传承国学经典　弘扬中华优秀文化”主题班会

一、活动主旨

国学经典是中华文明得以数千年传承的重要载体，也是中华民族的宝贵财富。高校作为中华优秀传统文化传播的重要阵地，通过开展形式多样的国学经典学习活动，使学生在学习国学经典中学会修身养德，树立民族自信与文化自信，自觉弘扬中华民族优秀的传统文化。

二、活动主题

传承国学经典，弘扬中华优秀文化。

三、活动形式

情景剧表演、知识竞赛、经典朗诵。

四、资料准备

（一）物资准备

购买国学经典若干、制作横幅海报、制作评分表、申请拍摄设备、购买小奖品。

（二）参考资料

1. 国学经典主题班会，https://www.taodocs.com/p-487136757.html

2. 弘扬国学经典，传承中华文化PPT，https://www.bilibili.com/video/av468382423/

3. 国学知识竞赛题大全含答案，https://www.51test.net/show/9478200.html

4. 100个成语典故及其历史人物故事，https://www.360kuai.com/pc/912d072e20910cf4a?cota=3&kuai_so=1&sign=360_57c3bbd1&refer_scene=so_1

五、组织实施

（一）准备工作

1. 召开班委会，提出班级举办经典国学主题活动的必要性和可行性、制定活动方案、讨论具体活动形式、明确各班委分工。

2. 成立学习资料收集组，查阅国学相关资料，整理知识竞赛题库，制作演示视频和PPT。

3. 文体委员遴选具有表演能力的同学进行情景剧排练，表演历史经典故事。

4. 生活委员申请场地，购置相关物资和小奖品。

5. 邀请老师和嘉宾出席活动。

6. 宣传委员全程跟进拍摄，进行宣传报道。

（二）活动展示

1. 主持人介绍活动意义和具体流程。

2. 通过观看视频和情景剧演示国学经典，如季布的“一诺千金”、宋濂借书、晏殊树信、曾子杀彘等以诚信为主题的历史典故。

3. 以宿舍为单位，进行国学知识竞赛，并对获奖团队颁奖。

4. 由每个宿舍选出一名代表，进行成语接龙比赛。

5. 组织同学进行经典朗诵，在《三字经》《弟子规》《千字文》中遴选。

6. 邀请老师进行总结。

（三）活动后期

1. 组织班委继续完善国学知识题库，以期为其他班级和接下来的相关主题活动做参考。

2. 文体委员将情景剧的剧本和演员做进一步完善，设计更为真实的场景进行排练演出，并拍摄成短视频。

3. 团支书和班长对本次活动进行总结，邀请相关专业老师进行指导，将经典国学整理，使其成为学生早读的材料。

4. 宣传委员整理活动照片和视频，并通过微信公众号进行宣传。

六、活动总结

通过举办此次活动，让同学们感受到中华传统文化的博大精深，对中华文化充满自信。活动丰富了同学们的国学知识，提高学生的人文素养和审美情趣，为学生的终身发展奠定基础。

“欢度中秋佳节　弘扬中华优秀文化”主题班会

一、活动主旨

中秋节，是中国重要的传统节日之一，通过组织中秋佳节的庆祝活动，使学生了解传统佳节中的中秋文化，特别是关于中秋由来的传说、中秋节日的习俗、相关的诗词歌赋和灯谜等，从中深刻体会中秋节的意蕴。使学生懂得人类优秀文化的共性和追求美好生活的共同信念、了解中国传统节日中所蕴含的文化内核和时代价值，激发学生的爱国热情和民族自豪感。

二、活动主题

欢度中秋佳节，弘扬中华优秀文化。

三、活动形式

猜灯谜、诗词竞赛、分享各地过中秋节习俗。

四、资料准备

（一）物资准备

购买月饼等零食、小奖品，申请拍摄设备。

（二）参考资料

1. 中秋佳节知识竞赛题库及答案（100 题），http://www.360doc.com/content/21/1206/07/67691349_1007336925.shtml

2. 中秋节三大传说故事，https://www.bilibili.com/video/BV1XR4y1H7DY/

3. 12 首最经典的中秋诗词，https://mp.weixin.qq.com/s?__biz=MzU5NzU4MTczMg==&mid=2247511885&idx=3&sn=f9c266eeb69544c3dc96f07b954353f3&chksm=fe53a586c9242c90cdae60c06d420cdd7b721b83f3e467eba445187606f7c4bc62c901778a21&scene=27

五、组织实施

（一）准备工作

1. 班委讨论中秋佳节活动的内容和形式，做好人员分工。

2. 班委搜集有关中秋节的传统故事、知识、描写中秋或月亮的诗词等。制作中秋佳节起源的视频和PPT，设计竞赛题库、灯谜等。

3. 申请多媒体课室，把桌椅摆放成一圈，布置活动场景（悬挂灯笼、月亮图案等）。

（二）活动过程

1. 主持人介绍中秋节的起源和深刻含义，并通过视频和PPT展示。

2. 通过播放视频，展示中秋节的传说和民间故事（如嫦娥奔月等）。

3. 猜灯谜：通过展示与中秋、月亮相关的灯谜，让同学们进行抢答竞猜，答对者给予小奖品。

4. 知识竞赛：以小组形式，进行与中秋节相关的知识竞赛。

5. 朗诵中秋诗词佳句：以宿舍为单位，每个宿舍派一名代表上台参赛，由主持人说出与中秋或月亮相关的词语，参赛队员说出对应诗词，说出最多者获胜，并给予奖品。

6. 中秋品美食、话习俗：全体同学围坐在一起，品尝月饼、零食，交流各地过中秋节习俗的不同和趣味，如祭月、赏月、拜月、吃月饼、观潮、玩花灯、猜谜、喝桂花酒等习俗，大家进行交流。

7. 由两位同学领唱，一同唱歌曲《花好月圆》，祝愿大家健康开心。

8. 主持人总结本次活动，大家合影留念。

六、活动总结

中秋佳节作为寓意团圆的传统节日，能够在学校聚集一起欢度佳节，特别是对于第一次离家过节的新生们，能使其感受到集体带来的温暖和幸福。通过知识竞赛等形式多样的活动，同学们认识传统节日中秋节的来历及有关习俗，加深了对中华传统文化的深厚内涵和历史沉淀的了解。活动中寓教于乐的活动形式也让同学们满怀激情和期待，有效地增强了班级的凝聚力，提升了学生班集体的归属感。

“传承家教家风　弘扬传统美德”主题班会

一、活动主旨

中华民族历来重视家风建设，注重以家风传承育人兴家。古往今来，家庭美德铭记在中国人的心中，融入中国人的血脉里，是支撑中华民族生生不息、薪火相传的重要精神力量之一。班级就像是学生在学校的“大家庭”，每位同学来自不同地区和不同家庭，开展主题教育班会，通过同学们分享优良家风家教，学习古代经典家训，引导学生在良好的家风中养成崇德向善、礼让宽容的道德风尚，从而提升个人道德修养，塑造良好班风、校风和社会风气，为建设社会主义现代化国家注入正能量。

二、活动主题

传承家教家风，弘扬传统美德。

三、活动形式

分享学习、家校互动。

四、资料准备

（一）物资准备

购买信纸、信封，租赁拍摄设备。

（二）参考资料

1. 中央电视台科教节目《家风》，https://www.bilibili.com/video/av22771481/

2. 经典家训：周公旦的《诫伯禽书》、司马谈的《命子迁》、诸葛亮的《诫子书》、颜之推的《颜氏家训》、李世民的《诫皇属》、包拯的《包拯家训》、欧阳修的《诲学说》、袁采的《袁氏世范》、朱柏庐的《朱子家训》、李毓秀的《弟子规》等。

五、组织实施

（一）准备工作

1. 召开班委会，讨论活动的组织形式和预期成效，进行人员分工。

2. 以志愿报名为原则，提前物色、遴选愿意进行家教家风分享的同学，提议其通过录制视频方式，由家长阐述家庭的家教家风。班长负责收集整理。

3. 学习委员负责制作班会PPT、收集整理历史典故和名人家风故事的视频；生活委员负责活动需要的相关物资的借用或购买。

4. 班委在组织活动过程中应保存好资料，宣传委员进行活动宣传报道。

（二）活动展示

1. 主持人做活动开场讲话，通过短片/PPT介绍中华民族家风家训的内涵，阐述良好家风家教对个人、社会和国家的重要性。

2. 研习经典家训和名人家风：邀请两位同学上台朗诵《颜氏家训》《朱子家训》，播放视频，重温历史典故，如岳母刺字、孟母三迁；学习名人家风，如习仲勋的家风、钟南山的家风等。

3. 结合主题，分组对每个同学的家教家风进行回忆、思考、总结。并邀请代表上台分享家庭家风，分享父母、祖辈们对自己教育的经历，并播放此前已录制的视频，引发大家的共鸣。

4. 以“我心中的家风家训”为主题给父母或未来自己的小家庭书写一封家书，阐述自己理想中的家教、家风和家训。

5. 主持人做活动总结，工作人员收集好资料，做好现场清洁。

（三）活动后期

1. 对活动的照片、视频等资料整理归档，撰写新闻报道，扩大活动成效。

2. 在老师的指导下，对活动中收集的家书进行分类，写给父母的书信，可以由学院统一邮寄。

六、活动总结

本次活动内容丰实，使同学们感受了什么是真正的家训和意义；在受到感染与教育的同时，各人也畅所欲言，讲述了自己家庭的家规、家风、家训，分享了人生成长中的得与失，探讨了家规、家风对自己成长的意义与作用。重温古今经典故事，使同学们认识到了家教家训的道德力量。

“我家乡的春节习俗”展示活动

一、活动主旨

中国传统节日主要有春节、元宵节、清明节、端午节、中秋节等，每个节日在各地均有不同的习俗，其中春节是中国民间最隆重、盛大的传统节日，它是集欢庆娱乐和饮食为一体的民俗大节。本次班级活动通过学生讲述、展示家乡过春节的风俗和节日仪式，可让其深入了解家乡习俗的渊源，还可以帮助大学生了解中国传统节日，弘扬中华优秀传统文化。

二、活动主题

我家乡的春节习俗。

三、活动形式

讲述＋展示。

四、资料准备

（一）物资准备

购买饮用水、一次性碗盘，申请拍摄设备。

（二）参考资料

1. 春节习俗你了解吗，https://www.bilibili.com/video/av381157092/

2. 中国传统民俗文化传承——春节的由来传说和习俗，https://tv.360kan.com/player?id=d25478da3bab900f1587cbc0ce06a4ca&q=%E6%98%A5%E8%8A%82%E4%B9%A0%E4%BF%97&src=result-like&srcg=tab_www

3. 春节习俗传统文化，https://www.bilibili.com/video/av902250729/

五、组织实施

（一）前期工作

1. 召开班委会，撰写策划方案。

2. 放假前召开班会，根据本班生源进行分组。由于本班同学主要来自广东省，按照广府地区、客家地区、潮汕地区和粤西地区进行分组。

3. 各小组布置春节期间应准备的素材（节日活动照片、视频等），假期间再次提醒大家注意素材的收集和整理，并制作PPT。

4. 寒假结束返校开学的第一周，召开班委会，确定活动时间并进行人员分工。

5. 申请活动场地，邀请老师、嘉宾出席活动。

（二）活动过程

1. 主持人介绍本活动的意义和流程，并宣布活动开始。

2. 各小组进行家乡春节习俗展示，同个区域不同地市有差别可进行对比。

（1）广府地区展示舞狮、飘色、行花街、逛庙会等。

（2）客家地区展示照虚耗、送穷、鞭春、立春祭、人日吃七样菜等。

（3）潮汕地区，如腊月廿四送神、除夕夜围炉、元日以斋祀祖先、亲友拜正、正月初四迎神下天、立春前一日迎春等；各地皆有迎神、演戏等活动，如游神赛会、游标旗、游大锣鼓等。

（4）粤西地区展示“年例”、人龙舞等春节习俗。

3. 展示结束后，将课室桌椅围成一圈，大家品尝各位同学从家乡带来的春节的特色小食；同学们畅谈在春节期间的喜悦和收获。

4. 班长进行活动总结。

（三）活动后期

宣传委员做好活动后期宣传工作，将优秀作品编辑整理后通过学院或学校微信公众号等进行推送。

六、活动总结

本次活动使同学们对春节习俗有了更加深刻的认识和体会，了解到每个习俗的历史发展脉络和文化底蕴。通过集中展示不同地区习俗，进一步坚定大学生传承中华民族优秀传统文化的信念，增强民族自豪感和文化自信心。激励大学生们以更饱满的热情积极投身于社会主义现代化建设，以青春之我、奋斗之我，为民族复兴“铺路架桥”，为祖国建设添砖加瓦。

“探索传统瓷器魅力　传承中华文化之美”主题瓷器制作活动

一、活动主旨

活动旨在促进班级同学对中国瓷器的历史、制作工艺和艺术价值的认识了解，提升同学们学习中华优秀传统文化的兴趣，让同学们亲身感受制作瓷器的独特之处，并从中领略中华民族千年文明的精髓。

二、活动主题

探索传统瓷器魅力，传承中华文化之美。

三、活动形式

制作瓷器、分享创作成果。

四、资料准备

（一）物资准备

购买瓷器制作工具（练泥机、转轮（转盘）、碾锟、泥板机等）、申请拍摄设备。

（二）参考资料

1．“China”的意思是“瓷器”，https://mp.weixin.qq.com/s/oCogMATD6Y5c5v_XdBc2Ag

2．一口气读懂中国瓷器，https://mp.weixin.qq.com/s/DZlkxBR3wydKVoHDw-PWcw

五、组织实施

（一）活动准备

1．确定活动目标和主题：明确活动的具体目标和主题，团支书撰写方案，并与班委商议，请老师修改审核确定方案。

2. 筹备团队：邀请愿意积极参与策划和组织活动的同学作为筹备团队成员，明确分工。

3. 开展宣传工作：设计海报、制作宣传视频，发布微信推文，发布活动通知。

4. 准备材料和工具：购买陶瓷器材、颜料、刷子、刀子等，准备模具和工具。

5. 申请场地：可以选择一家陶艺工作室、学校实验室或者专门的手工艺教室作为活动场地。确保场地能够提供所需的设备，并且具备相应的操作许可证。

6. 邀请专业指导教练：邀请专业陶艺师傅或教练。

7. 制定计划和时间表：根据活动时间和参与人数，制定详细程序和时间表，包括制作、干燥、上色和烧制等步骤。

（二）活动展示

1. 介绍传统瓷器文化：通过展示讲解图片、视频，向学生介绍中国传统瓷器的历史、种类和特点。可以有著名的瓷器作品和瓷器之乡等内容。

2. 制作个性化作品：鼓励每个参与者发挥个人想象力和创造力，设计并制作自己喜欢的瓷器作品。可以提供一些样式和图案供参考，激发同学们自由发挥和表达。

3. 上色和装饰：完成基本的陶瓷作品后，可以使用颜料和刷子进行上色和装饰。参与者可以根据自己的喜好，选择适合的颜色和图案来装饰自己的作品。

4. 烧制和收尾：在所有作品完成后，将它们送到专业的窑炉进行烧制。等待烧制完成后，参与者可以取回自己的作品，后续可以举行一个小型展览活动，展示大家的活动成果。

（三）活动后期

1. 组织委员、生活委员组织同学们清洁活动场地。

2. 活动结束后，班长负责撰写活动总结，组织参与活动的同学撰写感想。

3. 宣传委员对活动资料进行整理，撰写新闻稿，发布微信推文。

六、活动总结

通过举办制作瓷器主题班级活动，同学们学到了丰富的瓷器文化知识，提升了对瓷器文化的热爱和兴趣。同时在参观、制作和交流中感受到了瓷器艺术的魅力，认识到中华传统文化的独特价值。这次活动不仅开阔了同学们的眼界，也培养其动手能力和创造力，促进了同学们之间的团队合作和沟通。

第四篇

弘扬红色革命文化

“缅怀革命英烈　赓续红色血脉”主题活动

一、活动主旨

为深入学习宣传贯彻习近平新时代中国特色社会主义思想和党的二十大精神，落实《新时代爱国主义教育实施纲要》，引导广大青年积极践行社会主义核心价值观，营造“崇尚英烈、缅怀英烈、学习英烈、捍卫英烈”氛围。团支部组织开展“缅怀革命英烈　赓续红色血脉”主题团日活动。

二、活动主题

缅怀革命英烈，赓续红色血脉。

三、活动形式

前往烈士陵园缅怀、学习。

四、资料准备

（一）物资准备

准备布置场地的用品，申请拍摄设备。

（二）参考资料

1. 2023年3月31日清明时节，与总书记一起缅怀英烈，https://baijiahao.baidu.com/s?id=1729054093720912809&wfr=spider&for=pc

2. 尊崇英烈重温习近平的“红色足迹”，https://baijiahao.baidu.com/s?id=1646604307190231975&wfr=spider&for=pc

3. 缅怀革命先烈，告慰革命英灵，https://baijiahao.baidu.com/s?id=1745358437593162072&wfr=spider&for=pc

4. 习近平：缅怀先烈、不忘初心，走好新的长征路，http://cpc.people.com.cn/n1/2016/0719/c64094-28565984.html

5. 盘点这些年习近平总书记缅怀先烈的真情话语，https://news.12371.cn/2017/04/01/ARTI1490998869732976.shtml

五、组织实施

（一）前期安排

1. 以小组为单位，提前在宿舍学习，开展“厚植家国情怀，传承红色基因”主题学习。

2. 团支书提前预约场地，向同学们发布活动通知。

3. 邀请班主任、辅导员出席。

4. 准备相关物资和现场学习材料。

5. 团支书做好第二课堂活动学时认证申请的有关工作。

（二）人员具体分工

1. 通过易班APP做好签到工作。

2. 团支书负责整个活动流程掌控，跟进活动，主持现场活动学习环节。

3. 班长负责协调工作，与烈士陵园的工作人员沟通活动流程等事宜。

4. 学习委员负责准备革命先辈的讲解材料，并现场讲解。

5. 组织委员做好主题班会会议记录。

6. 宣传委员负责摄影、剪辑视频、撰写新闻稿；准备好入团誓词。

（三）活动内容

1. 讲解员带领同学们环绕陵园一周并进行讲解。

2. 讲解墓碑信息。

3. 进行集体默哀。

4. 全体人员环绕墓碑一周，献白菊花。

5. 团支书带领大家重温入团誓词。

6. 在叶剑英元帅纪念碑前学习讲解。

（1987年，叶剑英元帅纪念碑建成，纪念碑用天然花岗石雕琢而成，高4.6米，上面有叶剑英同志的半身浮雕像和邓小平同志题字）

7. 广州公社烈士之墓学习讲解。

（1957年，广州公社烈士之墓建成，建筑面积1384平方米，陵墓采用大型土堆传统形式设计，圆丘直径为43米，高10.5米，“广州公社烈士之墓”为朱德同志所题）

8. “血祭轩辕”亭学习讲解。

（1957年，“血祭轩辕”亭建成，位于湖心，飞阁流丹，黄琉璃瓦面、花樑、红柱，为纪念举行“刑场上的婚礼”的周文雍、陈铁军烈士而建造）

9．师生代表发言（谈感想）。

六、活动总结

本次活动是响应学校团委、学院团委主题教育的实践活动，支部抓住清明节祭英烈的契机，发挥德育基地作用，在做好疫情防控情况下，赴烈士陵园教育基地开展祭奠扫墓、重温入团誓词、践行承诺等活动，引领青年大学生发扬革命传统，弘扬爱国主义精神，树立正确的世界观、人生观、价值观，以改革发展的更大成就缅怀先烈、告慰英雄，在新时代再创辉煌。

“传承红色基因　弘扬爱国情怀”主题教育活动

一、活动主旨

为认真落实习近平总书记“要把红色资源利用好、把红色传统发扬好、把红色基因传承好”的重要指示精神，引导支部成员树立远大理想，担当时代责任，勇于砥砺奋斗，努力成长为“德智体美劳”全面发展的社会主义建设者和接班人。团支部组织了“传承红色基因，弘扬爱国情怀”系列主题教育活动，发挥团支部在思想引领方面的重要作用。

二、活动主题

传承红色基因，弘扬爱国情怀。

三、活动形式

观看红色电影、演讲、话剧表演。

四、资料准备

（一）物资准备

准备团徽、团旗，制作横幅和海报，申请外出车辆。

（二）参考资料

1. 建党100周年演讲丨讲好入党故事，传承红色基因，https://www.bilibili.com/video/av290161612/

2. 话剧《共产党宣言》丨呼唤共产主义信仰，传承红色革命基因，https://www.bilibili.com/video/av932555050/

五、组织实施

（一）活动准备

1. 确定活动计划。召开支部委员会，邀请学院团委老师进行指导，确定“传承红色基因，弘扬爱国情怀”系列活动的主要内容。

2. 进行活动动员。召开团支部大会，将活动目标和活动内容向团支部成员进行传达并组织支部成员自主报名，动员大家积极参与并提出相关建议，确定活动具体内容。

3. 开展专题讲座。邀请学院团委老师开展“传承红色基因，弘扬爱国情怀”专题讲座，讲述革命故事，帮助团支部成员更好认识红色教育的重要性。

（二）活动过程

1. 观看红色电影。组织支部成员集体观看纪录片《诞生地》。该片以历史与现实相结合的纪实手法，结合大量珍贵的史料和历史镜头，集中展现了中国共产党在上海诞生、发展及壮大的历史过程。

2. 演讲比赛。组织支部成员学习党章和党史，撰写演讲稿。开展“传承红色基因，弘扬爱国情怀”主题演讲比赛，成员围绕主题自行拟定演讲题目，并邀请学院团委老师进行点评。

3. 主题话剧表演。在专业老师的带领下，团支部充分发扬创新学习的理念与精神，通过主题话剧表演的形式将所学的革命故事生动地讲出来，感悟红色精神，培养理论联系实际的能力。

4. 社会实践活动。团支部组织部分支部成员往校外参观红色教育基地并开展志愿服务活动。

（三）后期工作

1. 整理系列活动照片和视频，撰写班级活动日志，制作微信公众号推文并发布。

2. 班委对本次活动的策划、组织进行总结，提出完善意见，并就此类活动的常态化进行规划。

六、活动总结

本系列活动充分利用当地丰富的红色教育资源，采取青年们喜闻乐见的方式传播红色经典是这次系列主题活动的突出特点。引导团支部成员坚持用习近平新时代中国特色社会主义思想武装头脑、指引前进方向，在红色基因的传承中汲取营养，凝聚力量，坚定理想信念，志存高远，脚踏实地，勤奋学习，增强本领，努力在实现中国梦的实践中放飞青春梦想。

“传‘五四’薪火　展时代风采”主题教育团日活动

一、活动主旨

习近平总书记在纪念“五四”运动 100 周年大会上发表重要讲话时强调：新时代中国青年要继续发扬“五四”精神，以实现中华民族伟大复兴为己任，不辜负党的期望、人民的期待、民族的重托，不辜负我们这个伟大时代。团支部通过举办主题系列活动，旨在弘扬“五四”精神，凝聚青春能量，帮助学生树立爱国主义情怀，增强学生使命感。筑牢信仰之魂、永葆爱党之情、树立报国之志，在实现中华民族伟大复兴中贡献青春力量。

二、活动主题

“传‘五四’薪火，展时代风采”爱国主义教育。

三、活动形式

“我与团徽合影”、唱红歌、观看红色电影。

四、资料准备

（一）物资准备

准备团旗、班旗，制作横幅、海报，申请拍摄设备。

（二）参考资料

1. ［百家讲坛］中国精神　五四精神的传承，https://tv.cctv.com/2021/06/25/VIDEmKiIWl5Oi8CskxoAUdHq210625.shtml

2. 弘扬五四精神　展现青年风采，https://www.163.com/dy/article/H6I340RS0514UEMF.html

五、组织实施

（一）前期准备

1. 确定活动。按照学院部署要求，召开支委会研讨、确定系列活动的具体内容和主要形式。

2. 部署会议。召开“五四”主题系列活动工作部署会议，明确活动实施步骤和人员具体分工。

3. 强化指导。邀请辅导员和班主任对开展“五四”专题系列活动进行指导，并提供建议，提升活动的意义和实效。

4. 申请多媒体课室。

（二）活动过程

1. “我与团徽合影”活动。要求学生通过各种创意与团徽进行合影，留下新时代的生动印记；同时照片在团支部媒体平台上进行展示，以投票的形式评选“最美合影”。该活动让同学们对共青团知识和团徽的意义有了更深刻的理解。

2. “唱响中国梦”活动。团支部每位成员挑选自己喜爱的红歌，设计新颖的表演形式以饱满的精神面貌进行演唱。红歌催人奋进，激励斗志。“唱响中国梦”活动以红歌竞赛的形式，让学生唱响爱党爱国主旋律，引领学生树立远大志向，增强实现中华民族伟大复兴的使命感和责任感。

3. “重温红色岁月”活动。组织团支部全体成员一同观看《闪闪红星》《英雄儿女》等影片。通过观看红色影片点燃学生的爱国热情，在同学中引起强烈的共鸣，使学生能够更加珍惜当前的幸福生活，并将祖国和自己紧密地联系在一起，为实现中华民族的伟大复兴而奋斗。

4. 集中理论学习。团支部书记带领支部成员集中学习习近平总书记在纪念“五四”运动100周年大会上的重要讲话，学习习近平总书记对新时代中国青年提出的六点要求，并结合自身实际发表学习感想。支部邀请在学习成绩、社会实践、创新创业等方面有突出表现的同学进行典型事迹分享，勉励大家向其学习。

（三）活动后期

1. 组织全体成员撰写活动心得、体会，整理并留存。

2. 团支书对本次活动的策划、组织进行总结，撰写新闻稿，宣传活动效果。

六、活动总结

团支部紧紧抓住重要时间节点，把握重大事件和重要节日等契机，开展形式多样且内涵丰富的活动，利用纪念“五四”运动100周年这一重要节点开展系列主题活动，缅怀“五四”先驱崇高的爱国情怀和革命精神。引导支部成员坚定理想信念，志存高远，脚踏实地，勇做时代的弄潮儿，在实现中国梦的实践中放飞青春梦想。活动形式生动活泼，寓教于乐，增强了团支部的凝聚力，激发同学们努力拼搏的奋斗热情。

“建团百年再出发　青春共话新征程”主题团日活动

一、活动主旨

2022 年，共青团建团百年。100 年栉风沐雨，共青团始终坚定不移跟党走，带领共青团员和广大青年前赴后继、勇当先锋，书写了中国青年运动的华章。在这一历史性的时刻，班级团支部组织开展“建团百年再出发　青春共话新征程”主题团日活动。旨在传承建团百年征程中，引领广大青年学团史、强信念、践使命、跟党走，赓续红色血脉，弘扬爱国主义精神，携手奋进新征程。

二、活动主题

建团百年再出发，青春共话新征程。

三、活动形式

团课微视频制作及展示。

四、资料准备

（一）物资准备

准备团旗、班徽，制作横幅和海报，申请拍摄设备。

（二）参考资料

1. “五四”运动是中国人民一次伟大觉醒，http://theory.people.com.cn/GB/n1/2019/0418/c40531-31036909.html

2. “五四”运动：中华民族走向伟大复兴的历史起点，http://www.qstheory.cn/dukan/hqwg/2021-06/15/c_1127564322.htm

五、组织实施

（一）活动准备

1. 团支书撰写活动策划方案，细化实施方案。

2. 邀请辅导员、班主任出席活动。

3．班长确定人员分工，负责活动统筹工作：

生活委员负责场地申请，购置物资；

宣传委员负责活动宣传、摄影等工作；

组织委员负责收集活动资料，制作 PPT；

各团小组进行微视频制作。

（二）活动过程

1．活动开始，所有成员齐唱团歌，重温入团誓词。

2．观看百年团史纪录片和庆祝建团百年活动视频。

3．分小组进行学习分享，围绕中国共产主义青年团在中国共产党领导下发展壮大、始终站在革命斗争前列的光荣历史，进行团课微视频讲述。

（1）青年说团史：围绕中国共青团百年团史，回顾中国共青团的伟大历程与光辉成就，向青年团员讲好共青团的故事，营造弘扬“五四”精神、传承红色基因、争做时代青年的良好氛围。

（2）青春话成长：讲述青年模范典型的感人事迹，引发青年共鸣，弘扬榜样力量；围绕青春创新创业行动、志愿者行动、“返家乡”社会实践等共青团的品牌项目，结合自身经历，讲述所见、所闻、所感。

（3）青春话未来：引导青年从党的百年奋斗历程中夯实理论基础，汲取奋进力量，激励广大青年学生坚定信念，拼搏奋进，自觉践行社会主义核心价值观，积极投身实现中华民族伟大复兴的中国梦的伟大实践之中。

4．进行活动总结，邀请老师进行点评。

六、活动总结

梁启超曾言：“少年智则国智，少年富则国富；少年强则国强，少年独立则国独立，少年自由则国自由。”这段真知灼见明确地阐释了少年与国家血脉相连的关系。纵观历史，多少少年英雄为国家而洒青春热血。本次活动激励青年大学生要用青春音符谱写新时代乐章，以理想为帆，扬帆远航。

“学习百年党史　牢记初心使命”主题团日活动

一、活动主旨

为深入学习习近平总书记“七一”重要讲话精神，弘扬伟大建党精神，团支部组织开展“学习百年党史　牢记初心使命”主题团日活动。

二、活动主题

学习百年党史，牢记初心使命。

三、活动形式

观看记录片、知识竞赛、户外拓展。

四、资料准备

（一）物资准备

准备团旗、班旗，制作横幅、海报，申请拍摄设备。

（二）参考资料

1. 习近平对当代大学生的期待，http://www.xinhuanet.com/politics/xxjxs/2019-10/31/c_1125176123.htm

2. 入团第一课，https://v.qq.com/x/page/n03992rkrg6.html?

3. 中国共产党的历史与当代大学生的使命担当视频，https://v.qq.com/x/page/k0864wzhk24.html

五、组织实施

（一）活动前期准备

1. 团支书召开班级会议，讨论相关活动计划，确定活动流程。

2. 申请多媒体课室，提前准备好所需物品，生活委员做好登记。

3. 做好人员分工，明确工作职责。

（二）活动展示

1. 开展主题班会启动仪式，介绍活动的主要内容和组织形式。

2．集体唱国歌、团歌、重温入团誓言。

3．播放《共产党人》片段，回顾中国共产党100年的辉煌历程，由小到大，由弱变强，领导中国人民冲破重重难关，夺取革命斗争和经济建设的一个又一个胜利。

4．组织观看习近平总书记“七一”重要讲话视频，开展“伟大建党精神”的内涵讨论。同学们各抒己见，踊跃发言，探讨、交流学习心得，并分享学习收获。

5．组织全体成员积极参加易班APP线上党史知识竞赛与观看党史视频，强化党史学习。

6．开展校内外拓展活动

（1）到图书馆查阅《习近平七年知青岁月》《顶天立地谈信仰》等经典书籍，召开读书交流会，坚定同学们的理想信念。

（2）全体成员重温军训时期的军事训练。复习站军姿、踢正步和军体拳，时刻不忘当年红色革命的艰辛，时刻牢记自己的使命。

（3）组织外出学习活动。将支部成员分为3个小组，分别到广州起义纪念馆、三元里抗英斗争纪念馆、黄花岗七十二烈士墓园，开展红色革命文化学习。

（二）活动后期

1．各班委收集活动资料，编辑活动视频，并通过新媒体进行宣传。

2．收集每位同学的学习心得，撰写班级活动日志。

六、活动总结

通过举办团日活动，引导班里同学坚定理想信念，坚定不移地跟党走；提高了支部成员的思想觉悟，增强了班级凝聚力。多种形式学习习近平总书记“七一”重要讲话精神，激励同学们树立远大理想，培育和践行社会主义核心价值观，为实现实现中华民族伟大复兴的中国梦贡献青春智慧和力量。

“重温红色历史　弘扬经典文化”
——红色历史文化展览

一、活动主旨

为传承红色经典，弘扬民族精神，培养学生积极向上的人生观，把红色文化引进校园、走入学生的心灵，积极营造红色氛围，把红色资源转化为教育资源，用红色文化引领学生健康成长。举办红色历史文化展览，让学生重温艰苦奋斗精神，丰富了精神生活，让学生更深入地了解红色文化，弘扬爱国主义精神。

二、活动主题

重温红色历史，弘扬经典文化。

三、活动形式

文化展览。

四、资料准备

（一）物资准备

设计制作展览版面、横幅和海报，申请摄影设备。

（二）参考资料

1. 师生全程参与布展，这所高校把红色展览请进校园，https://baijiahao.baidu.com/s?id=1762148138864972399&wfr=spider&for=pc&searchword=%E6%A0%A1%E5%9B%AD%E5%BB%BA%E8%AE%BE%E7%BA%A2%E8%89%B2%E5%8E%86%E5%8F%B2%E5%B1%95%E8%A7%88

2. 哈尔滨商业大学举办系列红色专题展览厚植师生爱党爱国爱校情怀，https://baijiahao.baidu.com/s?id=1762394295085070044&wfr=spider&for=pc&searchword=%E6%A0%A1%E5%9B%AD%E5%BB%BA%E8%AE%BE%E7%BA%A2%E8%89%B2%E5%8E%86%E5%8F%B2%E5%B1%95%E8%A7%88

五、组织实施

（一）展览内容

展出的内容以“五四”运动、中国共产主义青年团成立、中华人民共和国成立、中国共产党成立等历史事件为题材。如下：

1. 展览基本介绍 2 版（序言和结尾）。
2. 图片展览 4 版（上述 4 个历史事件各一版）。
3. 历史介绍 4 版（上述 4 个历史事件各一版）。
4. 主要人物介绍 2 版。
5. 重大事件介绍 2 版。

（二）工作安排

1. 班委讨论确定展览主要内容、时间、地点。
2. 生活委员联系广告公司订制活动前期的海报、横幅以及租赁 14 个展览架。
3. 宣传委员负责拟定通知，对活动进行宣传。
4. 生活委员负责展览场地的申请，按照历史事件顺序进行布置。
5. 实践委员负责活动当天的秩序管理，避免发生意外。
6. 班长在活动前两周收集相关资料，安排擅长设计的同学进行展览作品绘制。
7. 召开班会，布置活动当天的内容和重要事宜，强调工作和纪律要求。
8. 团支书邀请老师出席活动。

（三）活动流程

1. 主持人介绍活动背景和意义，介绍出席的领导和嘉宾。
2. 邀请学院领导或老师讲话。
3. 主持人带领领导、嘉宾以及其他班级同学参观，并进行解说。
4. 展览为期三天，期间班委轮流值班，确保展览作品整齐摆放。
5. 活动结束后，通过问卷调查形式收集参观展览同学的反馈意见。

（四）活动后期

1. 整理展览作品进行归档，扫描电子版保存，归还借用的展架等设备。
2. 根据活动成果以及同学的反馈意见进行全面宣传，扩大活动影响力。

六、活动总结

这是一次校园红色革命历史展览的校园宣传，让同学们更加深刻了解这些历史事件的缘由和发展历程，重温了红色历史故事。四个重要历史节点查阅史料，都由同学们自己绘制、设计和展出。同学们参与热情高，是一次非常有意义的活动，影响力较大；同时也弘扬了红色革命文化，根植学生的爱国主义情怀。

“追寻先烈足迹　演绎红色故事”主题活动

一、活动主旨

在国家面临危亡时刻形成的红船精神、井冈山精神、长征精神、延安精神、西柏坡精神等，滋养出了毛泽东、朱德、周恩来、彭德怀等无产阶级革命家。通过寻找历史故事，用情景剧方式演绎一段段红色故事，感悟祖国在“生逢乱世，即使命运如蝼蚁，但仍有人心向光明”时期革命先烈们的坚定信念。激励广大青年学生胸怀祖国，努力学习，奋发有为，为建设社会主义现代化强国贡献出青春力量。

二、活动主题

追寻先烈足迹，演绎红色故事。

三、活动形式

情景剧演绎。

四、资料准备

（一）物资准备

制作横幅和海报、租赁演出服装、申请拍摄设备。

（二）参考资料

1. 建国大业电影视频，https://www.1905.com/vod/play/86052.shtml?api_source=baidu_vodfilm201207&vfm=bdvtx&frp=v.baidu.com%2Fmovie_intro%2F

2. 电影《革命者》精彩片段［这天下插满了赤旗，这盛世终如你所愿］，https://mbd.baidu.com/newspage/data/videoshare?nid=sv_17011907692137189881&source=search&tpl=search

3. 为中华崛起而读书，红色革命电影经典片段集锦，青少年必看，https://mbd.baidu.com/newspage/data/videoshare?nid=sv_11526133872199609519&source=search&tpl=search

4. 【觉醒年代】超燃场面，https://mbd.baidu.com/newspage/data/videoshare?nid=sv_8714819434550137652&source=search&tpl=search

五、组织实施

（一）活动准备

1. 召开班委会，研讨活动主题和组织形式，撰写活动方案。
2. 提前布置，以每个宿舍为单位用一个红色故事做表演，在查阅相关历史资料前提下，撰写和完善剧本，利用课余时间进行排练。
3. 生活委员收集各演出小组的剧本和演出费用支出情况，请示班主任。
4. 班长邀请老师做评委，确定评选细则和奖项设置。
5. 宣传委员申请场地，租借摄影设备做全程录制。

（二）活动过程

1. 主持人宣读开场白，邀请嘉宾致辞，讲述活动的意义。
2. 以宿舍为单位进行情景剧表演。
3. 宣布比赛结果并进行颁奖。
4. 评委老师进行总结发言，并提出希望寄语。

（三）活动后期

1. 将各组演出的视频进行剪辑制作成短视频，通过网络平台发布。
2. 收集各组成员参与活动的心得，撰写新闻报道。
3. 宣传委员收集之前各小组排练的花絮，制作一期宣传视频，对本次活动同学们的参与情况进行回顾，强化同学们在活动中的所学、所得、所感。

六、活动总结

中国共产党从百年前的硝烟中走来，历经岁月洗礼，积淀中华民族薪火相传的伟大精神，激励一代又一代中华儿女砥砺前行。当代青年生逢其时，施展才干的舞台无比广阔，实现梦想的前景无比光明，通过此次情景剧活动，同学们深刻领悟：要在火热的青春中坚定理想信念，自觉担当重任，让青春在全面建设社会主义现代化国家的实践中绽放绚丽之花。

继承先烈志　弘扬中华魂——班级颂红歌活动

一、活动主旨

为争取民族独立，为建立一个民主富强的新中国，老一辈无产阶级革命家用鲜血、用智慧和顽强谱写出一篇篇壮丽的红色乐章。今天繁荣富强的中国已经巍然屹立在世界之林，我们不能忘记老一辈革命家为中华人民共和国的建立和全人类的解放事业做出的不可磨灭的卓越贡献。适逢中国共产党成立 100 周年，回顾党的光辉历程，讴歌党的丰功伟绩，积极营造爱党爱国的浓厚校园文化氛围。

二、活动主题

继承先烈志，弘扬中华魂。

三、活动形式

红歌竞猜、红歌竞赛。

四、资料准备

（一）物资准备

准备团旗、小礼品、笔和纸张，制作横幅、海报，申请录像设备。

（二）参考资料

1. 华北水利水电大学五四红歌大赛，https://v.qq.com/x/page/y0866b2im9f.html?

2. 红歌猜猜猜活动视频，https://v.youku.com/v_show/id_XMzUzNTMzNjQ3Mg%3D%3D.html

3. 主持词参考，https://wenku.baidu.com/view/50db6f60964bcf84b8d57b0b.html

五、组织实施

（一）前期准备

1. 召开班委会议，商量活动的相关内容，如确定主持人等。

2. 申请教室；邀请德育导师（班主任）和辅导员作为评委出席。

3. 在群里发布公告，通知同学们准时参加。

4. 主持人明确活动的内容，以确保活动有序进行。

5. 班长和生活委员共同外出购买比赛小奖品。

6. 组宣委员和实践委员负责场地布置，信息委员负责多媒体设备的调控。

7. 再次通知全体同学活动时间、地点，确保活动准时举行。

（二）活动流程

1. 个人或组队进行报名登记。

2. 演出人员排练。

3. 在活动课室举行唱红歌比赛。

4. 比赛期间举行红色知识有奖问答。

5. 评委选出优胜者并进行颁奖。

（三）活动要求

1. 工作人员提前到场，布置场地。

2. 参赛选手提前拷贝伴奏等资料，确保活动顺利举行。

3. 检查音响、话筒设备。

4. 主持人核对活动流程。

（四）活动过程

1. 首先主持人介绍活动意义和比赛流程，并依次为参赛选手们抽取参赛序号、参赛选手们依次上台比赛、三位评委老师当场点评，每进行了三组选手比赛公布一次成绩。

2. 活动中场休息时，主持人主持“红歌竞猜”小游戏，一共 8 首红歌，每一首播放经典部分一分钟，由同学们举手抢答，每答对一次获得一份小奖品。期间安排评委现场激情献唱、爱心“帮帮唱”等环节，活动进入高潮。

3. 比赛结束，邀请老师为活动做总结发言和点评，并为获奖学生颁奖。

六、活动总结

整个活动有效地调动同学们的积极性和热情，现场氛围有序且热烈。同学们通过“听”红歌加强对革命红歌的了解，通过“细说”红歌，使红歌的含义深刻留在同学们的记忆中。班上全体同学都参与到了其中，不仅加强了同学们在演唱歌曲方面的交流合作，又能鼓励每个人上台锻炼，同时激发了同学们对红色革命的认识和爱国情怀。

诵读红色经典　弘扬革命文化
——红色经典诗文诵读比赛

一、活动主旨

活动旨在让学生了解优秀的中华文化和民族精神，从而产生民族自豪感和爱国主义情感；让优秀的中华文化和民族精神在学生的心灵中不断地产生潜移默化的作用；同时培养学生读书兴趣，使其掌握诵读技巧，养成阅读习惯。使学生在诵读中增强语感，感受文学精华，提高语文素养和审美能力，营造和谐、丰富的校园文化氛围。

二、活动主题

诵读红色经典，弘扬革命文化。

三、活动形式

经典诗词诵读比赛。

四、资料准备

（一）物资准备

准备团旗、录像设备、话筒、奖状，制作横幅、海报。

（二）参考资料

1. 诵读红色经典　歌颂时代精神——红色经典朗读视频，https://v.qq.com/x/page/s0548bfnoqa.html?

2. 中华颂的朗诵稿，https://u.sanwen.net/subject/pxsbiqqf.html

3. 张力玲朗诵《中华颂》视频，https://v.youku.com/v_show/id_XNDM1ODI4OTk2OA==.html?refer=seo_operation.liuxiao.liux_00003308_3000_YvmIba_19042900

五、组织实施

（一）前期准备

1. 团支书召开班干部会议，讨论相关活动计划，包括活动主题选定、报名方式及要求、比赛流程、评委嘉宾名单、奖项设置以及人员工作安排等。

（二）时间安排

1．在××月××日前将所选篇目上报××老师进行审核。

2．比赛初定××月××日下午举行。

（三）活动要求

1．诵读内容。本次诵读篇目为红色经典诗歌。参赛选手可以在《中华颂》或《义务教育教科书》中选择适合自己的篇目诵读，或自行网络搜索符合题目要求的诗歌进行朗诵。

2．比赛形式。

（1）个人诵读。各组可以选派一名选手参加比赛。

（2）集体诵读。可以以团队形式参赛，至少4名学生参赛。

3．比赛规则。

（1）抽签决定出场顺序。

（2）参赛选手必须脱稿朗诵。诵读时加音乐伴奏，伴奏音源由选手自备。

（3）参赛选手比赛时间限制在8分钟以内（超时将酌情扣分）。

（四）评分标准

比赛采取100分制，具体内容：

1．作品内容（15分）：选材内容符合比赛要求，积极健康，具有一定的教育意义；

2．节目形式（15分）：形式灵活新颖，令人耳目一新；

3．语言技巧（40分）：普通话标准，发音准确，吐字清晰，声音圆润悦耳，语言流畅，语速得当；

4．临场表现（30分）：衣着得体，表演到位，台风大方，感情充沛，精神饱满，感染力强，动作表情协调自然，现场效果好。

六、活动总结

通过诵读、熟背红色经典诗文，以达到文化熏陶、智能锻炼与人格培养的目的。同时领略中华语言文化的优美。比赛结束后，同学们表示通过此次活动进一步加深了对民族精神和优秀文化的理解，在诵读中亲近中华经典，激发了学习中国经典文化的热情。

忆峥嵘岁月　铸青春辉煌
——追寻先烈足迹活动

一、活动主旨

为号召大学生们时刻铭记先烈为民族解放和国家独立而不畏牺牲的英勇事迹，倡导同学们向前辈学习顽强拼搏、艰苦奋斗的精神，引导广大学生树立正确的世界观、人生观、价值观，班级举办“追寻先烈足迹”专题活动。

二、活动主题

忆峥嵘岁月，铸青春辉煌。

三、活动形式

回忆历史人物的典型故事。

四、资料准备

（一）物资准备

准备经典影视作品、录像设备、话筒、奖状，制作横幅、海报。

（二）参考资料

建国大业电影视频，https：//www.1905.com/vod/play/86052.shtml?api_source=baidu_vodfilm201207&vfm=bdvtx&frp=v.baidu.com%2Fmovie_intro%2F

五、组织实施

（一）前期安排

1. 团支书组织班委会议、确立人员分工、邀请老师参加、申请课室。

2. 活动规则：每个人负责找一个历史人物，班里总共34位成员就找34位历史人物，将他们名字写下来，然后抽签。根据自己现在的年龄去找抽到的历史人物这个年龄时候的资料。将他们的故事整理出来，在后续的班会上进行分享。

（二）人员安排

1. 策划及总结：团支书。

2. 活动宣传：全体团员。

3. 活动准备：全体班委。

4. 活动摄影：宣传委员。

5. 媒体维护：组织委员。

（三）活动宣传

1. 前期宣传：制作“忆峥嵘岁月，铸青春辉煌”海报，并发布。

2. 中期宣传：将分享班会上的照片视频分享到微信朋友圈。

3. 后期宣传：将同学们分享的故事整理后，分享在团支部的微博上，向学校微信公众号投稿。

（四）活动过程

活动当天，老师以及全体同学就位后，班级主持人宣布活动开始，同学们按照学号逐一进行分享。例如：

同学 A：大家好。我要介绍的是我们敬爱的毛主席，毛主席和孙中山先生都是时代伟人，毛主席出生于 1893 年，孙中山先生出生于 1866 年，两人相差了整整 27 岁之多。两位伟人人生的交集不多，毛主席在 18 岁之前，少年偶像是康有为和梁启超，尤其最爱梁启超的文章，经常反复地读，个别篇目甚至能够成诵。1911 年，那时毛主席只有 18 岁，考入湖南长沙湘乡中学。爱看报纸的毛主席在《民立报》上看到一篇文章介绍广州起义和七十二烈士的相关事迹，这让毛主席第一次知道了孙中山。看完报纸，毛主席很激动，当即奋笔疾书，写了一篇文章贴在了校园的墙上；文章中，毛主席畅谈政论。据美国记者斯诺后来采访记载，在这篇文章中，毛主席主张应该立即成立新政府，把孙中山从日本请回来，担任新政府的总统；召回康有为，让其当新政府的总理。一个只有 18 岁的少年，已经有了胸怀天下的胸襟，已经有了如此高屋建瓴的政见，实在令我佩服。

……

（1）中场休息播放视频影片《建国大业》；

（2）待全部成员分享完毕后，进行讨论；

（3）老师总结点评本次活动；

（4）主持人宣布活动结束。

六、活动总结

本次活动通过寻找历史人物故事，追寻先烈们的足迹，忆峥嵘岁月，铸青春辉煌。号召同学们要以时代为己任，要把实现自身的人生追求同党的事业、国家的富强紧密联系在一起，沿着正确的方向不断前进。以习近平新时代中国特色社会主义思想为指引，胸怀祖国，努力学习，奋发有为，为建设社会主义现代化强国贡献才智。

“不忘初心　牢记使命”红色革命基地参观活动

一、活动主旨

初心是情怀，使命是担当。在全党开展“不忘初心，牢记使命”学习教育活动之际，班级团支部组织青年学生赴红色革命基地参观学习，感受历史的磅礴伟力；号召新时代的青年不忘初心，牢记使命，将红色文化传承下去，肩负起为祖国谋发展的时代重任，为实现中华民族伟大复兴贡献青春力量。

二、活动主题

不忘初心，牢记使命。

三、活动形式

参观红色教育基地、观感演示。

四、资料准备

（一）物资准备

准备户外医疗物资、队服，制作横幅、海报，申请录像设备。

（二）参考资料

广州起义烈士陵园，https://www.bilibili.com/video/av981114067/

五、组织实施

（一）人员安排

1．活动工作策划总结：班长。

2．活动后期班会开展：团支书。

3．活动小组名单的整理及评选工作：学委。

4．活动宣传：宣传委员。

5．活动摄影：全体成员。

（二）活动安排

1．班长申请教室，在班级微信群里通知同学们参加。

2. 召开“不忘初心，牢记使命”的主题班会，向同学简述此次活动内容。

3. 同学明确班会活动内容后自行组成每组 8 人的小组并选出小组长。

4. 班长组织各小组组长会议，让各小组组长明确职责并制定小组活动方案交予班长。

5. 活动期间，各小组在小组长带领下自行准备。

6. 外出参观过后在班会上演示，并选出优秀作品进行奖励。

7. 活动结束后，宣传委员汇总优秀作品在微信公众号上发布。

8. 学习委员收集同学们的参观心得，班长做活动总结。

（三）活动规则

活动以自由组队的形式进行，每个小组由 8 人组成，选出小组长；小组长带领小组成员利用周末或课余时间自行前往红色基地参观，简述分享并制作 8 分钟左右的微视频，在主题班会上进行展示。

（四）学生反馈

同学 1：这次活动使我全面地了解了红色革命文化，感悟时代力量。

同学 2：这次活动让我增进了与同学之间的感情，学会与人合作。

小组长们：在这期间我们遇到各种不同的问题，但让我们懂得如何去更好地增强统筹能力，寻找各方资源，按质按量完成任务。

六、活动总结

1. 强化同学们的团队协作精神。

2. 提升学生的时间管理能力（活动开展有一定的时间跨度）。

3. 展示环节突出同学们视角体验和内心感悟。

4. 提升了同学们文字表述和语言组织能力。

“赓续红色血脉 传承革命精神”
——海陆丰革命基地实地调研活动

一、活动主旨

海陆丰革命老区是我国第一个县级苏维埃政权诞生地，具有厚重的红色历史。学习海陆丰独特的红色文化和革命史，可激发学生积极向上，在学习、生活和工作中传承优秀的红色基因；在缅怀英烈中叩问初心使命，在传承精神中坚定理想信念，调研结果也可为海陆丰革命基地建设以及发挥更大作用提供参考。

二、活动主题

赓续红色血脉，传承革命精神。

三、活动形式

参观、走访、调研海丰县红宫、红场旧址、彭湃故居、海丰县工农兵代表大会会址等爱国主义教育基地。

四、资料准备

（一）物资准备

准备户外医疗物资、队服，制作横幅、海报，申请录像设备。

（二）参考资料

1. 信念之信仰的力量－彭湃，https：//v. youku. com/v_show/id_XMjc5MTIxNzQ4. html?refer = seo_operation. liuxiao. liux_00003308_3000_YvmIba_19042900

2. 铭记来时路（六）｜海丰革命根据地——诞生首个县级苏维埃政权，https：//www. bilibili. com/video/av716519982/

3. 中国十三块红色革命根据地之一｜海陆丰革命根据地#海丰，https：//www. ixigua. com/7060329499585413646

五、组织实施

（一）活动准备

1. 制定活动总体方案和应急方案，编制调研问卷；

2. 租赁相关设备，如相机、拍摄支架等；

3. 按照活动方案确定人员分工，拟成立3个小组（1个拍摄组和2个调研组），明确具体内容。

（二）活动过程

1. 拍摄组前往拟参观的爱国主义教育基地，拍摄基地建设现状，收集基地修缮前后情况的资料并进行对比。

2. 调研1组面向观众发放调查问卷，了解观众参观感受和心得；与基地工作人员深入交谈，了解基地建设（修缮）资金来源使用、每日参观人数、场地建设与规划、基地文化建设及工作人员培训等情况。

3. 调研2组面向基地所在乡村（街道）采访村民，调查了解红色革命基地对他们带来的影响和积极作用。

（三）活动总结

1. 收集拍摄视频材料，并开展编辑整理；

2. 整理调查问卷，进行统计分析；

3. 撰写关于海陆丰革命基地建设及作用发挥现状——以3所爱国主义教育基地（见活动形式）为例的调研报告，并邀请专任教师加以指导完善；

4. 收集同学们参与调研活动的心得、感悟，对本次活动进行总结；

5. 撰写新闻报道，通过当地电视台或报纸加以报道。

（四）注意事项

1. 要加强安全教育培训，明确每个同学的工作职责和任务；

2. 采访过程中要注意礼貌，提前与基地工作人员取得联系，在不影响其工作的情况下进行访谈；

3. 拍摄组要加强拍摄技巧、提升编辑能力，提高拍摄素材的质量。

六、活动总结

此次调研活动，是班级活动组织形式的一次创新。提高同学们的实践能力，开阔了视野，学习掌握了调研和撰写调研报告的方法。同学们也通过实地考察，深入了解当前爱国主义教育基地的建设和运营现状，深刻认识到保护爱国主义教育基地和提升基地服务质量的重要性和必要性。

“观看红色电影　传承革命精神”集中观看红色电影主题班会

一、活动主旨

红色革命文化蕴含了党在长期领导中国革命与建设的伟大实践中所创造和积累的丰富历史经验，新时代青年，可从中学习并提高思想觉悟，弘扬民族精神及爱国主义精神，传承红色精神，树立远大理想，成为中国特色社会主义事业的合格建设者和可靠接班人。

二、活动主题

观看红色电影，传承革命精神。

三、活动形式

集中观看红色电影。

四、资料准备

（一）物资准备

申请多媒体课室、录像设备，购买物资和食品。

（二）参考资料

1. 5分钟看完《建国大业》，https://haokan.baidu.com/v?vid=17749897486005626322

2. 细数《建国大业》众看点，我们的敬佩和自豪感，油然而生，https://tv.360kan.com/player?id=4cabac60bfea58d13a9d4069f35950c8&q=%E5%BB%BA%E5%9B%BD%E5%A4%A7%E4%B8%9A%20%E8%A7%82%E5%BD%B1%E6%84%9F&src=result-video&srcg=tab_news

五、组织实施

（一）活动准备

1. 召开班会，确定活动主题及开展形式、活动时间、地点。由生活委员申请课室，相关班委完成该活动的策划书、工作安排等，并由全体班委对活动方案进行初步审核。

2. 班长在相关平台下载高清电影《建国大业》，确保活动当天电影能正常播放，整理影片中历史关键事件或任务并制作 PPT，活动当天进行展示及讲解。

3. 宣传委员制作相关海报，做好活动宣传，邀请其他班级同学参加。

4. 各班委对最终方案的细节进行讨论，将方案进行完善并通知同学们活动的主题、时间、地点，确保每位同学知道并准时参加活动，动员班级每一位同学参与这项活动。

5. 活动当天各负责人员提前到达现场进行布置，确认活动流程，提前播放 PPT、视频及音乐等，调试现场光线与音量。

6. 活动开始前，提醒同学们活动中的注意事项；活动过程不得擅自离场，相关工作人员维持好现场纪律。

7. 要求全员参与，各班委各司其职，相互配合，确保活动顺利进行。

（二）活动过程

1. 班长介绍到场嘉宾及本次班会主题、讲解活动具体流程及其相关事项、宣布活动正式开始。

2. 同学们认真观看电影《建国大业》，现场保持安静，宣传委员负责对活动现场进行拍照、录像。

3. 电影播放结束后，班委展示及讲解 PPT，重点讲解影片中出现的关键历史事件发生的缘由、背景和未来发展，分析关键人物在当时形势下的心理变化和历史贡献，进一步对历史事件深入了解。

4. 观看电影结束后，请每位同学现场写下影评，选出几位同学做简短分享（此时主持人要注意调动同学们的积极性）。

（三）活动结束

1. 班长对本次班会活动进行点评与总结，让每位同学写一份感想，畅所欲言，内容包括电影的哪一情节或角色让自己最有感触、这部电影带给自己的启示、自己在此次班会的心得及新时代大学生该如何传承红色文化等。

2. 全体人员合照留念。

3. 生活委员组织同学清理、打扫场地。

4. 宣传委员撰写新闻报道和整理学习心得，制作微信公众号推文。

5. 各班委在离开活动现场时，注意要对活动现场做一遍检查，如多媒体等电子设备是否关闭、桌椅是否摆放整齐、是否已做好清洁、门窗是否关好等。

六、活动总结

班级以开展集中观看红色经典电影的形式召开主题班会，使同学们再次感受革命先烈英勇无畏的革命精神，进一步加深对革命先烈的敬仰之情，思想上再一次受到了洗礼与熏陶；深刻地感知今天的幸福来之不易，也提醒大学生们牢记革命先烈的英雄事迹，不忘过去，珍惜当下；坚决做有理想、敢担当、能吃苦、肯奋斗的新时代好青年，为实现中华民族伟大复兴的奋斗目标贡献智慧和力量。

“传承‘五四’精神　唤醒红色记忆”主题团日活动

一、活动主旨

激励和引导青年团员大力弘扬以爱国主义为核心的伟大民族精神，矢志投身新时代社会主义新征程。引导同学们继承“五四”精神、坚定理想信念、矢志建功立业，坚定“四个自信”，做到“两个维护”，争做堪当时代重任的社会主义建设者和接班人。

二、活动主题

传承“五四”精神，唤醒红色记忆。

三、活动形式

观看纪录片、知识竞赛、趣味互动游戏。

四、资料准备

（一）物资准备

准备团徽、团旗，制作横幅、海报，申请外出车辆、购买小奖品。

（二）参考资料

【团日活动】缅怀革命先烈　弘扬五四精神，https://www.bilibili.com/video/BV1Zb411g7oP/?spm_id_from=333.788.videocard.16

五、组织实施

（一）活动准备

1. 确定活动形式与实地考察：在班微信群上开展活动内容和形式的意见征集；组织班委到活动地点进行实地考察，确保活动的可行性。
2. 通过班微信群向大家进行活动宣传，调动同学们参与积极性。
3. 发布活动详细通知，发放团日活动的资料，让大家熟悉活动的具体流程。
4. 明确人员具体分工及要求，准备好相关资料（知识竞赛题库）。

5．采购物资，申请课室和相关设备。

6．针对集体外出活动制定专门应急预案。

（二）活动过程

1．活动开始前，由团支书讲解活动流程及其相关事项，并宣布活动开始。全体同学唱国歌，邀请老师上台致辞。

2．组织同学们观看“五四”运动纪录片。观看过程中请同学们保持安静，班委维持秩序。

3．开展“五四”运动知识竞赛。以分组形式进行，团支部成员以小组为单位进行竞赛，每小组3人，不得携带相关书籍，不得使用手机作弊。

4．进行趣味互动游戏，单词接龙（游戏规则：全班分成3队，每队给一个单词，然后下一个成员以这一个单词的末尾为开头写一个单词再传给下一个同学，两分钟内看哪一队写的单词多，更准确，重复的只能算一个，写的单词最多的队伍有小礼品）。

5．寻找革命烙印，感悟革命精神。由班委带领全体同学依照原本制定的路线到爱国主义教育基地参观学习，活动过程中确保同学们的安全，提醒同学们认真听讲解，并做好参观记录。

6．团支书总结本次活动，肯定同学们的积极配合与表现，呼吁同学们在重温革命历史中学习先烈的革命精神，坚定理想信念，筑牢思想根基。

（三）后期工作

1．组织每位同学撰写活动心得，挑选出5篇优秀心得进行展示，激发同学们的学习动力。

2．召开本次主题系列活动总结会议，整理活动相关素材，撰写新闻稿，进行成果展示。

六、活动总结

“五四”的火炬唤醒了民族的觉醒，孕育了伟大的“五四”精神，青年作为“五四”精神的薪火相传者，要牢记党的教诲，立志民族复兴，不负韶华、不负时代、不负人民。本次活动促使青年大学生在建设社会主义现代化国家新征程中，更坚定不移地听党话、跟党走，努力成长为堪当民族复兴重任的时代新人。

“缅怀革命先烈　承续奋斗之志”烈士陵园祭扫活动

一、活动主旨

在每年的清明节前夕，学校都组织全体同学到革命烈士陵园进行祭扫活动，引导同学们缅怀先烈，追忆英魂，继承和发扬革命优良传统，弘扬爱国主义精神。赓续红色基因，在新征程中展示新青年的风貌。

二、活动主题

缅怀革命先烈，承续奋斗之志。

三、活动形式

组织同学参观广州起义烈士陵园（广州起义烈士陵园，是中华人民共和国成立后为纪念 1927 年 12 月 11 日中国共产党领导的广州起义牺牲的烈士于 1954 年修建的纪念性公园）。

四、资料准备

（一）物资准备

制作横幅、制作小白花、购买花圈、申请车辆和拍摄设备。

（二）参考资料

1. 铭记历史，缅怀先烈，“广州起义烈士陵园”，https：//www. bilibili. com/video/av506528777/

2. 第九期 广州起义烈士陵园，https：//www. bilibili. com/video/av984705149/

五、组织实施

（一）活动前期

1. 组织班委提前勘察线路，预约当天用车。
2. 联系烈士陵园工作人员，预约祭扫和参观纪念馆等事项。
3. 拟定外出通知，告知同学们外出注意事项。

4. 明确人员具体分工，准备好外出突发事件应急预案。

（二）活动流程

1. 明确人员分工，安排专人负责维持现场秩序，确保安全有序。

2. 听从负责人和导游指挥，遵守纪律，禁止单独行动。

3. 集合时间：7：50前集合完毕；集合地点：学校××处，不可迟到。

4. 出发时间：8：00；交通工具：大巴车。

5. 班长在车上强调活动流程和注意事项。

6. 到达目的地后，集合排队入场。

7. 祭扫活动开始，由团支书主持，追忆革命先烈的丰功伟绩、感悟烈士们英勇献身的爱国情怀。

8. 团支书带领同学们在烈士墓碑前庄严宣誓。

9. 两位班委向烈士敬献花圈，面向革命烈士墓碑默哀3分钟。

10. 在团支书带领下，全体同学献上小白花并绕纪念碑走一周，表达崇敬之情。

11. 分组参观烈士陵园里面的纪念馆，了解红色革命历史。

12. 祭扫活动中要庄严肃穆，参观纪念馆时不可大声喧哗、追逐打闹。

13. 上午11：30在公园正门口合影，上车后清点人数，集体返校。

（二）活动后期

1. 宣传委员汇总活动情况并进行宣传报道，通过微信公众号进行展示。

2. 组织全体同学撰写活动心得，遴选优秀心得进行展示。

六、活动总结

本次清明烈士陵园祭扫活动使学生重温革命先烈英勇奋斗的事迹，激励广大青年大学生树立崇高理想和坚定信念。回想中华民族走过的艰难历程，回望先辈的流血牺牲，作为新一代的青年大学生，更应该自立自强，树立正确的人生观、价值观，努力学习科学文化知识，奋发图强，勇于创新，为伟大的祖国做出自己应有的贡献。

“学党史、强信念、跟党走”主题班会活动

一、活动主旨

2021年2月20日，习近平总书记在党史学习教育动员大会上发表重要讲话，对各地方各单位开展党史学习教育具有重要指导意义。广大青年作为新时代的主力军，应该深入学习贯彻习近平总书记在党史学习教育动员大会上的重要讲话精神，从党史中汲取精神力量，传承红色基因，不忘初心，牢记使命。

二、活动主题

学党史、强信念、跟党走。

三、活动形式

读书交流会、DIY红色画册、合唱、朗诵、戏剧表演。

四、资料准备

（一）物资准备

准备团旗、团徽、班旗、卡纸、笔、奖状、小礼品、话筒、拍摄设备，申请活动场地。

（二）参考资料

1. 庆建党100周年“学党史，强信念，跟党走”团组织主题班会，https://www.bilibili.com/video/av205078165/

2. “学党史·强信念·跟党走”主题团日活动，https://www.bilibili.com/video/av887814997/

五、组织实施

（一）前期安排

1. 团支书召开班级会议，讨论相关活动计划，确定组织形式和活动流程。
2. 提前准备好所需物品，生活委员做好登记。
3. 做好人员分工，划分负责区域。

4. 组织相关演出人员进行排练。

（二）具体分工

1. 团支书负责整个活动的掌控、策划，邀请学院老师。

2. 班长负责协助团支书做好管理工作。

3. 宣传委员负责活动新闻报道，并通过微信公众号和视频号等平台进行推送。

（三）活动展示

1. 举办读书交流会：分享学习《习近平与大学生朋友们》心得。

组织支部团员在前期研读《习近平与大学生朋友们》的基础上，谈谈书籍中的一些场景或重要讲话，交流学习心得，体会和感受习近平总书记对于青年大学生的殷切关怀。

2. 制作DIY红色画册。

结合小学教育全科专业特色，组织全班同学共同编绘关于党史的红色画册。

3. 用钢琴伴奏，歌唱歌曲《没有共产党就没有新中国》。

结合支部团员特长，用歌唱的方式抒发对党的热爱，激发同学们坚定不移听党话、跟党走的决心。

4. 朗诵《红色家书》。

组织同学们情感充沛地朗诵党员家书，分享刻骨铭心的英雄事迹，缅怀革命先烈，传承红色基因。

5. 表演戏剧《怕死不当共产党员》。

用戏剧的方式讲述感人肺腑的党员故事，让团员们在表演的时候更加能体会共产党员的精神，激发支部团员向优秀看齐，促进支部团员向党组织靠拢，坚定理想信念。

6. 团歌合唱。

全体团员合唱《光荣啊，中国共青团》，重温入团初心，强化身份认同，做好党的助手和后备军。

（四）活动后期

1. 班委对活动进行宣传报道，通过班级和学院微信公众号进行展示。

2. 编辑完善DIY红色画册，邀请班主任进行指导；对情景剧节目进行设计完善，重新录制视频，可用其参加相关主题比赛。

六、活动总结

本次活动形式多样、内容丰富，团员自我展示风采，发扬专业特色，表现青春朝气。使同学们进一步加强了思想武装，更加明确自身的时代定位，加强理想信念，厚植爱国爱党情怀，更为深刻地体悟厚重的红色历史，从而发愤图强。

“青春心向党　建功新时代”主题团日活动

一、活动主旨

活动旨在引导同学们深入学习“五四”精神，引领同学们学习贯彻习近平新时代中国特色社会主义思想和党的十九大精神，进一步提升基层团组织的活力、凝聚力；引导广大青少年更加紧密地团结在以习近平同志为核心的党中央周围，牢固增强“四个意识”，坚定“四个自信”，做到“两个维护”，不忘初心、牢记使命，艰苦奋斗。

二、活动主题

青春心向党，建功新时代。

三、活动形式

室内讲团课 + 户外实践拓展。

四、资料准备

（一）物资准备

准备小团旗、胶纸、A4 纸，申请拍摄器械。

（二）参考资料

广东工程职业技术学院人文艺术学院 2018 级文秘 A 班“建国 70 周年”主题团日活动，https://v.youku.com/v_show/id_XNDE1MzYzNzgxNg==.html

五、组织实施

（一）活动前期

1. 召集班委会，讨论活动主题和形式；收集相关资料，采购活动物资，设计活动内容；准备歌曲，制作会议 PPT；邀请嘉宾等。

2. 确定人员具体分工：

团支书：制定策划方案、主持人，制作 PPT。

班长：跟进活动进度。

信息委员：课室申请、视频编辑。

宣传委员：撰写新闻稿、拍摄。

（二）活动流程

1. 以“我和我的祖国”主题导入。

2. 讲解70周年来祖国的重大历史事件和启示。

3. 弘扬爱国主义精神的案例分享。

4. 团课：大学生如何成为新时代优秀爱国青年。

5. 专业提升：开展户外拓展。

6. 青春之歌表白祖国。

7. 青春之心绘出对祖国的祝福。

8. 团员青年寄语。

9. 本次团日活动总结。

10. 合影留念。

（三）活动后期

各班委收集活动资料，整理活动视频和照片。组织团员在“广东学联”微信公众号以及青年之声留言，内容为关于本次主题团日活动的感想、体会、意见和建议。

（四）注意事项

1. 活动策划书需要在活动开展前多次论证进行完善。

2. 活动物资需要在活动开展前一天准备好，以确保齐全和可用。

3. 班委需要积极宣传团日活动，增强同学们对团日活动的认同感。

4. 相关工作人员必须分工明确，团结协作解决工作中遇到的困难，保证工作进度。

5. 在活动过程中，安排相关的工作人员拍照和录制视频，以便活动后进行宣传和总结。

6. 注意购买活动所需物品的花销，避免开销超出预算范围。

7. 避免教室设备损坏，保护好公共财产。

8. 主持人应调整好讲话音量及控制好现场秩序，避免音量过大，干扰他人。

9. 离场后将现场垃圾清理干净，保持课室整洁。

六、活动总结

本次活动以室内团课演讲 + 户外实践拓展的形式开展，能更全面而形象生动地展现“青春心向党，建功新时代”主题内容，体现青年的活力，使团日活动焕然一新；让同学们弘扬爱国主义精神，激励和引领他们大力弘扬以爱国主义为核心的伟大民族精神，矢志争做担当民族复兴大任的时代新人。

“传承革命精神　加强民族团结”主题教育活动

一、活动主旨

在中国近代史上，红色革命和民族团结是两个划时代的主题，中国共产党在长期的奋斗历程中形成的革命精神是一笔宝贵财富，是党攻坚克难的力量源泉。我们要传承革命精神，推动各民族和谐发展。新时代青年应该增强中华民族共同体意识，增强归属感、认同感、荣誉感，传承和弘扬革命精神，坚定理想信念。

二、活动主题

传承革命精神，加强民族团结。

三、活动形式

集体观看电影、党史故事分享、拓印、剪纸、支付宝种树、书法等。

四、资料准备

（一）物资准备

制作横幅，准备团旗、黏土、卡纸、宣纸等，申请拍摄器械。

（二）参考资料

讲述色达红色故事　汲取红色革命精神　增强民族团结意识，https://www.meipian.cn/2dcjrune

五、组织实施

（一）前期安排

1. 团支书和组织委员做好活动策划，召开支委会。
2. 明确人员分工，以宿舍为单位上交手工作品。
3. 准备好活动所需物资。

（二）具体分工

1. 团支书和组织委员负责策划及活动跟进。

2. 班长负责作品收集、跟进作品进度。

3. 考勤员负责考勤以及后勤工作。

4. 宣传委员负责拍照、写新闻稿。

（三）活动展示

第一部分：继承和发扬革命精神

1. 奏唱团歌。随着《光荣啊，中国共青团》音乐响起，全体成员起立，右手握拳，在歌唱团歌中感受集体的号召力和凝聚力。

2. 观看电影《建国大业》。全体同学观看红色电影，并交流观影心得。大家纷纷表示立志为祖国建设贡献自己的一分力量，努力继承和发扬革命精神，并将其运用到实际中。

3. 党史故事分享会。同学们活动前收集党史、革命先辈事迹等相关资料，活动中以小组为单位进行交流。该环节同学们感悟家国情怀，懂得要珍惜当下的美好生活的同时也加强了同学们努力要“力争上游，绝不拖后腿”的意识。

4. 制作拓印手工作品。拓印是版画的一种艺术形式，同学们结合专业知识、结合活动主题将心中的革命精神融入拓印之中。

5. 制作手工作品（剪纸、黏土）。结合美术专业的学习内容，将非物质文化遗产“剪纸”与中国革命精神相结合：栩栩如生的3D立体黏土跃然纸上，护旗手立着国旗，宣示着祖国的强大。

第二部分：开展民族团结宣传教育

1. “同舟共济”支付宝种树活动。在支付宝APP蚂蚁森林的合种活动中，团支部成员响应祖国号召，齐心协力，加强民族团结。通过每天的低碳生活、运动步数，集齐了18 500万滴能量，为四川凉山州少数民族地区办实事，种下了一棵华山松。同呼吸，共命运，心连心，齐心协力促进繁荣。

2. “重温岁月，致敬经典”版画活动。找出有关民族团结、革命精神、峥嵘岁月的相关图片，了解图片背后发生的故事并在课堂上分享。向经典致敬，重温相片背后的故事，了解其具体的含义；打造一项“具有温度和质感”的活动。各小组同学集思广益，创设情境，力求每张照片精益求精。

3. 举行书法活动。此项活动让师范专业的同学发挥特长，将“三笔一画”与“两弹一星精神”相结合，更好地理解并落到实处。

4. 制作手工作品（折纸）。结合美术课的学习内容，同学用折纸折出了“108”朵花拼凑成了“56”两个数字，寓意着“中国56个民族”永不分离，就像石榴籽一样紧紧抱在一起。

六、活动总结

在本次活动中同学们感悟了民族大团结的意义，增强了中华民族共同体意识。本次活动时间跨度较长、形式多样，形成了许多可视化作品，为班集体留下了宝贵记忆。这些事物再次使同学们坚定理想信念，立志为实现中华民族伟大复兴而努力奋斗。

第五篇

班团组织自身建设

“‘明理思辨’辩论能力拓展”主题团日活动

一、活动主旨

辩论赛作为一种大学生常见的竞赛项目，深受广大学生的欢迎。辩论赛能加深学生间的相互了解，同时，强化同学思辨能力的训练，针对理工科学生逻辑思维缜密但不善于表达的特点，选择带有娱乐性的、创新性的主题辩论赛，能锻炼同学们的语言表达能力、逻辑思维能力、随机应变能力以及团队合作精神，丰富同学们的课余生活和学习生活。

二、活动主题

明真理，善思辨。

三、活动形式

举行辩论赛。

四、资料准备

（一）物资准备

购买卡牌和计时器、制作横幅和海报、制作邀请卡。

（二）参考资料

1. 第二届新生班级辩论赛决赛宣传视频，https://v.youku.com/v_show/id_XNjkxOTE3MzQ4.html

2. 班级辩论赛，https://www.bilibili.com/video/BV1JY4y1Y7RQ/

五、组织实施

（一）前期阶段

1. 团支部召开支委会商讨活动相关事宜，确定评委人选，明确人员分工。

2. 组织班委到各宿舍宣传本次辩论赛，动员同学们踊跃报名，由各宿舍推荐，确定两支队伍共8名辩手，并让他们自行根据辩题组队，确定正方、反方以及一辩到四辩的人选。

3．两组辩论队进行资料准备和排练。

4．生活委员负责购置相关物资。

5．发动非参赛队员提前布置场地。

6．邀请评委和班主任出席活动。

（二）活动展示

主持人致开场词并介绍到场嘉宾、评委，介绍比赛规则以及双方参赛选手，辩论赛由一辩陈词、双方攻辩、一辩小结、自由辩论、总结陈词、观众提问 6 个环节组成，由嘉宾和评委打分决定胜负。

需要注意的是：

1．在攻辨小结阶段，当每方的规定发言时间剩余 10 秒时，计时员用写有“10 秒”字样的白纸提醒；用时满时，用“时间到”字样提示终止发言。其他阶段，每方队员在用时尚剩 30 秒时，计时员用写有“30”字样的白纸提醒，同时满时，用“时间到”字样提示终止其发言。“时间到”牌子举起时，发言辩手必须停止发言，否则作违规处理。

2．辩手在陈词时要求阐述确凿充分，引用适当；开篇立论要求以事实为依据，逻辑清晰，言简意赅。

当 6 个环节结束之后，分别由嘉宾和一名评委点评，并将比赛结果交于主持人，由主持人向大家宣布比赛结果，邀请嘉宾向获胜方颁发奖品。

3．最后由主持人对本场比赛进行总结发言，邀请班主任进行点评。

六、活动总结

本辩论赛每位辩手发言精彩，抑扬顿挫，无一不在牵动着台下观众的心弦，让同学们不由自主地调动脑力去找出可以辩驳对方的发言。

同学们能够积极参与到团日活动中，在辩论赛前，参赛人员认真准备辩题材料，能增加自己的知识，提高了同学们的逻辑思维能力；激烈的辩论场面活跃了班级气氛，提高了班级的凝聚力。

“明确目标　规划未来”
——大学生职业规划大赛

一、活动主旨

活动旨在号召大学生要明确就业目标，关注就业前景和发展，学习各方面的知识，拓宽视野，提高就业竞争力；帮助学生尽快找到自己的职业发展目标，为职业生涯和就业工作做好规划。一方面，帮助同学树立正确的择业观和就业观，通过比赛将他们的未来规划展示出来，将理想付诸行动；另一方面，创建一种学校和社会相结合的互动模式，通过专业人士的点评，启发同学们确立正确的奋斗目标。

二、活动主题

明确目标，规划未来。

三、活动形式

线上、线下相结合。

四、资料准备

（一）物资准备

购买专业辅导材料、小奖品。

（二）参考资料

大学生职业生涯规划大赛职业展示作品，https：//tv. sohu. com/v/dXMvNjMyN-zI3 MDkvNjEzOTkyMTQuc2h0bWw = . html

五、组织实施

（一）活动前期

1. 制定活动方案。借鉴以往活动经验，并在老师指导下制定活动方案。
2. 制定比赛规则。召开专题研讨会，制定比赛规则。

3. 明确活动步骤。支部成员合理分工协作，保证活动顺利进行。

4. 强化指导。邀请学院团委老师就本次活动举行提出建议，帮助团支部成员更好认识择业的重要性。邀请已工作的优秀校友参加活动，并给予参赛同学专业性的指导。

5. 申请活动场地。

（二）活动过程

1. 线上初赛。作品以未来目标规划为主，即大学期间和毕业后至少 5 年内的职业生涯规划。作品内容为自我认知、职业认知、目标确立、计划实施与反馈修正 5 个方面，也可自行决定，内容新颖，选手表达真情实感。此外，参赛作品须有扉页并附带简本，扉页填写参赛者的姓名、班级等个人信息；简本内容简要介绍个人职业规划撰写内容。

邀请学校就业指导老师对参赛报告进行评审，并提出专业性建议。由工作人员负责收集每位参赛同学的报告反馈并进行排名，统计完成后公布复赛选手名单并以短信形式通知选手决赛形式、时间、地点。

2. 线下决赛。邀请学校老师、企业代表、已毕业优秀校友参加此次活动并担任评审。决赛包含 3 个竞赛环节：书面作品评比、现场 PPT 展示、答辩。3 个环节所占的分值比例依次为 30%、50%、20%，各环节得分总和为选手最终成绩。

据此评出各个综合奖项。环节 1：每名选手做一个 10 分钟的职业规划 PPT 演示演讲；环节 2：围绕“如何解决职场中可能遇到的问题”这一主题进行 5 分钟答辩。环节 3：比赛评比出一等奖 1 名、二等奖 2 名、三等奖 3 名。

（三）后期工作

1. 整理活动记录，对于本次职业生涯规划中参赛队员表现的不足，在接下来的班级学习和实践活动中多加对其鼓励和指导。

2. 整理比赛作品。对评委提出的意见进行完善，将优秀作品展示和推广。

3. 宣传委员与组织委员做好后期宣传工作。

六、活动总结

本次活动使同学们树立正确的择业观和就业观，为将来走进社会打下了良好的基础；另一方面能够使参赛同学收获宝贵的经验。本次职业生涯规划大赛不只是单纯的比赛，而且也能促进学生身心发展，并且其规划不合理不科学的地方能得到及时指导。

“勤学向上　练就真本领”班级学风建设主题系列活动

一、活动主旨

活动主旨为引导学生坚定理想信念，练就真本领，努力以奋斗之青春开创美好之前景。培养同学们良好的学习习惯，在学风培育的过程中使学生发现学习的趣味性和知识的丰富性，提高自主学习的能力；同时促进同学之间的沟通和交流，相互帮扶，共同解决学习生活中遇到的问题。

二、活动主题

勤学向上，练就真本领。

三、活动形式

举行分享会、互助计划、“无手机”课堂。

四、资料准备

（一）物资准备

购买手机挂袋，制作横幅、海报，申请拍摄设备。

（二）参考资料

1. 大学学风建设班会，https://www.bilibili.com/video/av34906575/

2. 广东机电职业技术学院物流“学风建设　从我做起”主题班会，https://v.qq.com/x/page/o3216pntb30.html

3. 大学学风建设主题班会策划方案，https://www.wcqjyw.com/zhichang/cehuashu/436801.html

五、组织实施

（一）活动前期

1. 分析问题。召开班委会，讨论本学期以来同学们的学习状态和班级学习风气，分析存在问题。结合院系学风建设总体部署，提出班级学风建设活动方案。

2. 设计规划。邀请班主任对班级学风建设活动提出意见，确定活动组织形式、具体内容和流程。

3. 明确人员分工。围绕学风建设系列活动的安排，明确分工，责任到人。

（二）活动流程

1. 举办“读书分享会”活动。邀请专业教师和优秀学长举行读书分享会，为专业学习提供宝贵建议。同时推荐涉及人文、科技、历史等课外读本，鼓励同学们多读书、读好书，提高自主学习能力。

2. “翻转课堂”活动。发掘新的教学模式，增强同学学习兴趣。采取每位同学做一次分享的模式，组织小组备课和集体讨论形式，让学生上台演讲，真正学懂弄通（“翻转课堂”的模式使学习和实践更好地融合，是班级探索出的符合本班实际的学习方式，激发了同学们的学习动力）。

3. 学习互助小组。由学习成绩优异的同学帮助后进学生，将提出需求的同学列为帮扶对象，由学习成绩前列且自愿帮助他人的同学对其帮扶，帮扶人负责解答帮扶对象提出的学业疑问。在自习中，鼓励大家进行相关讨论，提出自己的疑惑，帮扶人要及时了解帮扶对象复习时出现的问题，给出针对性的解决方案。

4. “无手机课堂”考勤。班级建立了课堂公约的管理制度，以挂手机袋的方式实行上课考勤制度，形成相互监督，提高同学们的学习积极性，加强学风建设。

六、活动总结

班级通过积极推进学习型团组织建设，端正学生的学习态度，使其明确了学习目的，增强积极主动、自觉学习的意识，形成了良好的学风；帮助支部成员不断提升自身专业能力和综合素质。

“我的大学班级风采”微视频制作活动

一、活动主旨

班级是大学生学习生活、维系同学深厚友谊的重要集体，也是最容易勾起同学们大学美好回忆的集体。每个班级都有其独特的风采，在班级里，同学们一起奋斗学习、一起分享喜悦、一起度过了许多难忘的精彩时光。通过发动全体同学收集关于大学美好记忆资料、图片等，编辑成微视频形式，展现出班级的特色风采，进一步增强班级凝聚力。

二、活动主题

展示大学风采，难忘美好回忆。

三、活动形式

微视频制作。

四、资料准备

（一）物资准备

从学校网站和老师处获取班级建设和成长的相关素材、制作横幅和海报、申请摄影设备。

（二）参考资料

1. 班级风采大赛，https://v.youku.com/v_show/id_XMTU5NDQ2MTQ2MA==.html

2. 大学回忆——班级篇 vlog3（不负青春毕业视频），https://www.bilibili.com/video/av286313496/

五、组织实施

（一）活动前期

1. 确定主题。召开班委会，确定以“回忆大学时期美好时光的故事”为主题，用微视频制作展示大学生活；部署视频拍摄流程、时间地点、参与人员、宣传范围、设备道具等；确定人员具体分工。

2. 咨询指导。邀请班主任进行指导，改进视频拍摄的不足之处，不断完善视频的内容。

3. 素材准备。让每位同学提供大学入学以来美好记忆的照片和视频等。

（二）活动流程

1. 视频制作设计规划。以时间为线索贯穿整个视频，从开学的相遇，到后来的相知，再到后来积极参加各项活动，共同为这个班集体奉献自己的一分力量，从而更加热爱这个优秀的班集体，每个阶段顺序相接。

2. 视频的拍摄路径。寻找合适的场景，写好剧本，开始分组、分步拍摄，将拍摄的视频进行筛选，不符合要求的重新进行拍摄，最后汇总整理。

3. 视频的后期处理。参照视频模板进行修剪、配制音效、添加字幕，进行片头宣传的制作、片尾演员名单的绘制等。

4. 修改视频细节。将不够完善不符合要求的视频进行修剪，对各个细节进行调整、完善。再次听取老师的建议进行完善调整。

5. 举行首映仪式。整个视频制作完成后，专门召开一次班会，举行首映仪式（让同学们再次回忆起大学生活的点点滴滴，使视频展示更具有仪式感和特殊意义）。

（三）后期工作

1. 团支部成员根据活动开展情况撰写活动心得、体会，各团小组整理活动总结并留存。

2. 整理系列活动照片和视频，编制视频制作花絮，制作微信推文并发布。

六、活动总结

本次活动能让班内的每位同学得到了充分展示自己的机会，个人的组织能力、才艺等都有所展现，同时也促进了同学们之间的联系与交流，让每个人都更好地融入班级集体，增强了班级凝聚力，让班级更有“家的味道”。

通过采取视频制作方式回忆大学班级美好时光，这将是班级成长的关键阶段中保留的重要史料，维系着班里同学间的情谊。

“我的大学我做主”主题演讲比赛活动

一、活动主旨

活动旨在营造校园文化艺术氛围，丰富同学们的课余文化生活，展示大学生的青春风采，增强同学们的自信心与荣誉感。

二、活动主题

我的大学我做主。

三、活动形式

演讲比赛。

四、资料准备

（一）物资准备

购买活动奖品、制作横幅和海报、准备计时器、提示牌。

（二）参考资料

“青春·感悟”主题演讲比赛策划书，http://www.172xiaoyuan.com/cehuashu/shetuan/2011/0114/5223.html

五、组织实施

（一）活动准备

1. 做好宣传工作，发动班级同学积极参加。
2. 邀请老师和演讲协会学长担任比赛评委。
3. 提交活动预算给老师审核。
4. 申请场地，提前布置会场，准备评委打分用的纸笔、计算工具、奖状。
5. 宣传委员做好赛前、赛后报道宣传工作及摄影工作。
6. 确定好主持人，撰写主持稿，进行活动彩排。

（二）人员具体分工

1. 组织委员：发动同学们积极参与，并收集好报名材料。

2. 宣传委员：做好相关宣传海报，撰写新闻报道。

3. 生活委员：准备比赛所用的话筒、嘉宾签到名单、选手号码牌、纸笔等，并在活动当天负责签到工作。

4. 文体委员：提前邀请主持人，准备好相关讲稿；确定会场礼仪，并准备一些小节目、小游戏在活动中表演。

5. 学习委员：负责收集选手比赛所用的配乐或PPT，并提前拷贝到比赛现场，确保可以打开和运行。在活动中，要安排专人负责播放选手的PPT或音乐。

6. 团支书/班长：在活动中负责维持场内秩序，安排工作人员进行计时、计分，并在赛前对其培训。

7. 全体班委在活动前布置会场，活动结束后清扫会场。

（三）活动展示

1. 评委及嘉宾入场。

2. 主持人介绍活动举办目的、介绍评委和嘉宾，邀请嘉宾致辞。

3. 主持人宣布比赛规则并介绍参赛选手。

4. 比赛环节：选手必须在规定时间内结束演讲。

5. 待所有的选手比赛完后，邀请评委代表上台点评，工作人员统计分数。

6. 评委点评后，主持人上台宣布比赛结果。

7. 获奖人员上台领奖，请嘉宾和老师进行颁奖。

8. 全体工作人员、嘉宾、评委、选手合影留念。

（四）参赛要求

1. 所选作品体裁不限，要求切合主题，内容积极向上，具有时代气息，体现当代大学生风采。

2. 演讲时间为3～5分钟，在2分和2分30秒时打铃提示。

3. 若选手在提交作品后有配乐或PPT更换的，请其自带U盘，并提前拷贝好。

4. 参赛选手到会场后签到，比赛正式开始后10分钟未到场者视为弃权。

六、活动总结

本次活动得到了参赛队员的支持和理解，使同学们认识到班委组织活动的不易和艰辛，有利于以后班团活动顺利举行。通过班级演讲比赛，提高了同学们的语言表达和独立思考能力，开拓了同学们的创新思维和视野；同时加强了同学之间交流。

“走向操场，健康生活”班级文体活动

一、活动主旨

当前大学生参加体育锻炼的情况不容乐观，许多人喜欢在“线上活动”，甚至熬夜上网打游戏，不愿意走出宿舍，更不想走上操场锻炼身体，体质堪忧。除了上体育课外，班级组织一些趣味性强的课外体育活动对加强同学们的身体健康十分必要。为倡导学生“走下网络，走出宿舍，走向操场”，积极投身于丰富多样的文体活动并从中寻找乐趣，在互动中释放压力、释放自我，塑造强健的体魄，培养宽广的胸怀。

二、活动主题

走向操场，健康生活。

三、活动形式

进行体育锻炼和举办趣味运动。

四、资料准备

（一）物资准备

购买体育产品（球类等），申请运动场地，购买医疗物资、活动小奖品。

（二）参考资料

1. 广州商学院经济学院投资学专业1班团支部让青春为祖国绽放－趣味运动会团日活动，https://www.bilibili.com/video/BV17i4y177pN/

2. 大学生趣味运动会，https://v.qq.com/x/page/b0813eptx1s.html

五、组织实施

（一）准备工作

1. 确定活动内容。通过集体研究讨论，将篮球、乒乓球、羽毛球、踢毽子、健美操等受众面广、参与度高的体育运动作为本次活动的主要项目。

2. 制定实施方案，给班委分配工作任务，明确职责。制定详细的活动流程和实施方案，确定各项目的负责人。

3. 活动宣传。除了开展一般性宣传外，发动以宿舍为单位参加，特别是鼓励平时不爱运动的同学参加。

4. 申请场地、器材，购置物资。根据活动计划和各项目实际，挑选体育馆、操场等地点作为活动场地，申请教学器材、准备海报、奖品等物资。

5. 聘请专业指导。聘请具有文体特长的同学作为教练，为报名参加的同学提供相应项目的技能培训。

（二）活动实施

1. 活动开始前，根据报名情况进行分组、分类，对于有运动习惯或对某项运动有特长和兴趣的可安排竞赛形式加以强化，增加体育运动的竞技性。

2. 对于无运动习惯，且平时不爱动的同学要以小组形式组队，激发团队合作意识。体育项目要增加趣味性，对参与者多加鼓励，控制运动量。

3. 每项运动分组后，要安排好负责人，加强培训，并引导所有成员在进行锻炼前做好热身运动，确保安全。

4. 对各类项目，对于表现较好的团队或个人进行奖励，颁发一些小奖品以资鼓励。

5. 各项活动可规定最少锻炼时间，结束后，团队和个人应到指定地点进行签退，获取运动学分，累计一定学分可以分学期或者月份进行奖励。

（三）后期工作

1. 整理打扫活动场地，收回器材。

2. 活动负责人做好总结反思、资料存档。

3. 利用线上、线下多种途径做好宣传，扩大活动效应，争取更多同学参与。

六、活动总结

班级利用课余活动，定期组织文体活动，促进了学生全面健康发展。本次活动同学们积极踊跃报名，各项目报名人数超过预期。通过一段时间的坚持运作，同学们纷纷表示受益匪浅，也感受到体育锻炼给自己带来的好处。由于项目类型较多，加之需要通过各种方式鼓励同学参与，对于此类活动，不仅需要院系重视，给予经费支持；也需要班委发挥主观能动性，可通过拉企业赞助等形式扩大经费来源，确保该项目持续开展下去。

“悦纳自我　信任他人”班级团体心理辅导活动

一、活动主旨

大学生心理健康教育是高校思想政治教育的重要内容，是维护广大青年学生健康成长的重要一环。开展班级团体心理辅导活动有助于了解学生心理健康的共性问题，能高效快速地了解学生身心发展特点，心理团体辅导已成为班集体开展心理健康情况摸查的重要形式，可引导同学们更好地认识自我、接纳自我，提高与人交往的能力，学会倾听和表达，学会给予同伴更多的鼓励和信任。

二、活动主题

悦纳自我，信任他人。

三、活动形式

游戏互动。

四、资料准备

（一）物资准备

准备团旗、班旗、卡纸、眼罩、音响，申请拍摄设备。

（二）参考资料

1. 新生班级团体心理辅导方案，https：//wenku. so. com/d/00045b51299f85aa223bb2a7686f8ee6

2. 班级团体心理辅导活动设计，https：//wenku. so. com/d/e36eb0ac2cdf9285b5e33789700b6b7d

五、组织实施

（一）前期安排

1. 召开会议。在辅导员和班主任指导下，召开班委会议，制订活动详细计划，明确活动时间和地点。

2. 开展调查。组织班委、各宿舍舍长深入了解同学在生活学习中遇到的困惑，将需要解决的问题整理汇总。

3. 咨询指导。将学生存在的问题及时反馈给特邀心理老师，根据具体情况，请老师在活动的内容和形式上给予指导。

（二）活动过程

1. 热身运动（5~10分钟）

调动成员投入活动、积极互动，形成团体合作互助的气氛，强调安全第一。

2. 信任之旅（15~20分钟）

活动形式：全体成员站成两排，前后相对的两人为一组。一人蒙眼，一人引导，不能说话。然后互换角色。

团体讨论：在本次信任之旅活动中，你作为引导者，当时是怎么想的，作为被引导者你又是如何想的。

3. 精彩互动（25~30分钟）

活动形式：设置“咱们的小调”环节。抽到同一首歌的学生组成小组，在短时间排练后上台演示，消除学生的拘束感，共同感受集体的力量，活动达到高潮。

团体讨论：个人在团体中的角色和价值，希望为集体付出哪些努力？

4. 积极探索（10~15分钟）

分发给每个同学一张纸，让同学根据自己的性格画出可以代表自己的食物或动物，并在纸上写出可以表现自己的10句话。使学生在自我探索中加强自我认知、开拓思维，在相互学习中加深对他人的了解。

六、活动总结

本次心理团体辅导活动采用学生互动模式，以游戏形式发掘学生在学习活动中的身心潜力，帮助学生正确认识心理问题，及时寻求帮助，使其在学习、人际关系、恋爱、求职、择业等方面从容面对。同时促使学生心智更加成熟、稳定，有助于学生深化自我认知，增强自我发展意识，从而积极作用于社会，实现自我人生价值。另一方面增进班级团体的凝聚力、化解班级团体的问题与危机，促进班级健康有序发展。

百花“旗”放　“徽”洒青春
——班旗班徽设计比赛活动

一、活动主旨

一个班级的班旗班徽可以展现大学班级的精神面貌和其独特的风格。本活动旨在培养同学们的创新意识和创新精神，为其提供一个展现自我、提升自我的舞台和机会。进行班徽班旗设计大赛，能增加同学们的多元化知识，丰富学生的校园生活，为校园增添一分文化气息。

二、活动主题

百花“旗”放，“徽”洒青春。

三、活动形式

以团队或个人参赛设计班徽、班旗。

四、资料准备

（一）物资准备

准备卡纸、彩色笔、A4 纸、小礼品。

（二）参考资料

1. 班徽制作方法，https://m.idongde.com/c/0e91d5264Be6C77F.shtml
2. 班徽例子，https://www.doc88.com/p-2187815287124.html

五、组织实施

（一）前期准备阶段

1. 召开班委会议，商讨活动流程。
2. 人员具体分工，进行动员宣传工作。
3. 邀请辅导员、班主任等担任评委老师。
4. 做好相关准备工作。

（二）活动进行阶段

1．团队或个人自主设计班徽，将班徽元素与班级特色相结合制作成班旗。班旗可以电脑设计，也可手绘。制作一份 4 分钟内的 PPT 对班旗进行解释说明，介绍设计的过程及意义所在（最好能有一些设计过程中的记录照片）。

2．微信投票：相关工作人员把各团队提交的班旗图案的图片上传到微信小程序并发起投票，组织全体同学在规定时间内进行投票。

3．奖项设置：设立“最高人气奖”单项奖，其评选结果由微信投票所得分数最高分决定；设第一、第二和第三名，分别奖励 200 元、150 元、100 元，总评分获第一名的作品确定为本班班旗。

（三）作品要求

1．以宿舍或者个人为单位上交班旗班徽设计作品。

2．在统一规划的设计范围内，要有作者自己的思想和创意（不能抄袭网上作品），可以突出班级特色，力求与众不同，能体现班级特色。

3．班旗设计要求图文结合，并附上 200 字左右的解释说明文字，说明设计作品中所包含的寓意等。

4．作品要有鲜明主题，内容积极向上，体现大学生正确的价值观和人生观及良好的艺术修养，在艺术上有创新。

5．作品纸质版统一用 A4 纸，版面要求简洁大方，要具有美感。

六、活动总结

通过举办此次班旗、班徽设计大赛，让同学们认识到班旗和班徽在班级建设中的重要地位和价值。培养了同学们的动手实践能力和个性化创新精神，增强了班级集体的凝聚力。每位同学从设计、构思到制作的过程，体验了浓浓的集体荣誉感和责任感。

附：评分标准

评分分类	评分标准
1．班旗图案设计	班旗是否体现各班的专业元素，是否体现班级创新、积极向上的风貌等，各评委可以根据自己的视觉感受与个人看法对作品进行评分。满分为 30 分。

续上表

评分分类	评分标准
2. 演讲者表现及演讲氛围	演讲者的表现及演讲氛围：评委可以根据演讲者演讲是否流利，内容是否生动精彩及演讲过程中演讲者调动观众气氛的程度，做出相应的评分。满分为 20 分（演讲者演讲占 10 分，演讲气氛占 10 分）。
3. 班旗图案寓意	各评委根据各团队或个人提供的说明书及演讲者的讲解，判断该作品是否符合主题、是否富有创意和深刻含义，从而做出相应的评分。满分为 30 分
4. 作品总体情况	各评委可根据演讲者演讲时的班旗展示，对班旗实品的整体外观进行评分。满分为 20 分。

“优秀班集体　温馨大家庭”主题班会

一、活动主旨

从高中步入大学，大学生进入一个全新的环境，往往会产生短暂的不适应问题。特别是刚刚结束军训，即将开始正式上课体验校园生活时。这时他们还不了解学校的新环境，对大学的生活方式与学习模式既感到新鲜、好奇，又感到陌生、迷茫。开展相关新生班级适应性班会，更好地让班级同学能尽快适应班级环境，可帮助新生了解美好的校园生活。

二、活动主题

优秀班集体，温馨大家庭。

三、活动形式

情景演绎。

四、资料准备

（一）物资准备

准备卡纸、笔、奖状证书、话筒。

（二）参考资料

班级活动推荐，https://www.zhihu.com/question/22406285/answer/920749765

五、组织实施

（一）活动前期

1. 班委研究活动主题，并告知相关老师。
2. 团支书动员班级每一位同学参与这项活动，讲解活动流程及相关事项。
3. 宣传委员和实践委员做好活动宣传。
4. 班长邀请辅导员、班主任等老师到现场指导。
5. 申请多媒体课室。

（二）活动过程

活动形式如下：

1．“刮大风”。全班分成几个小组，每个小组成员围成一圈，每个人站定或坐定一个位子，由指导者开始说“大风吹”，所有成员回应“吹什么”，指导者说一部分小组成员身上有的物品或特征（依据当时实际情况而定），比如可以说“吹戴眼镜的人”等（指导者说完后所有“被吹到”的人即拥有这些特征的组员需要互换位置，没有占到位置的同学担当下一轮的主持人）。

2．“无家”可归。根据要求的人数重新组成“家”，看看谁找不到“家”。成员手牵手作为组成“家”的标志。邀请没找到“家”的同学分享：“此时看看大家手牵手，你的感受是?”指导者一方面表示理解他的感受，一方面请他在后面的练习中积极改变，就有机会“找到家”。我们渴望被他人接纳，与他人在一起交流分享，彼此关心和帮助。离开了集体，我们会失去安全感、踏实感和力量感。所以营造一个温暖的集体人人有责，在集体里我们可以获得力量及支持、关心、满足、归属和安全感。

3．握手微笑。所有的同学都站着，每位同学与其他同学握手，同时说“晚上好，我是某某某，认识你很高兴”。在一分钟内握手的人数越多越好，但同学必须说完要求说的话后才能与下一位握手。自由走动 4 ~ 5 分钟后，指导者宣布“暂停”！此刻，每位同学面对的人，或正握着手的人就成了他“今天的朋友”，结成两人小组，找来椅子面对面坐下，采用“剪刀、锤子、布”的形式开始随机确定先后发言次序。然后相互自我介绍，规定的介绍内容至少包括姓名、来自何地何校、有什么兴趣爱好等，每人 3 分钟，然后漫谈 2 分钟。

4．“滚雪球”。二人组成 4 人组，原来的两个“2 人小组”合并开始“他者介绍”。即每人将自己刚才认识的新朋友介绍给另外两个人。介绍的次序用“手心手背”方式随机确定。两个“4 人小组”合并，成为 8 人小组，连环自我介绍，每人用一句话介绍自己，这句话中必须包括姓名、爱好、个人特征。当小组决定从谁开始讲时，必须按照顺时针方向转。

5．大学生活“三个最”。最后一次分组，安排一个纸笔练习，大学生活“三个最”，请每个学生填写“进入大学后我最高兴的是……进入大学后我最担心的是……进入大学后我最期望的是……”填写完毕，指导者请每个成员在小组内谈自己到大学的感受及对今后学习生活的计划。有的成员有明确的计划，有的人未好好考虑，交流过程中大家相互启发。每位成员怀着对发言者的尊重，认真倾听、相互学习和探讨。时间为 2 ~ 3 分钟，然后请每个小组派一个代表将大家的计划归纳后在班上发言。

（三）后期工作

1. 召开班委例会，班长、团支书等班委交流本次活动举办的情况和心得体会。

2. 将活动成果在班级微信公众号、易班APP等平台上展示。

六、活动总结

活动增强新生对学校和班级的归属感，构建融洽的团队关系，培养了团队合作能力；帮助新生快速适应新环境，能较快投入正常的美好学习生活中。

“欣赏电影　思考人生”主题班会

一、活动主旨

观看电影是当代人们释放压力的途径之一，人们可以通过电影联系自己的生活，从电影角色、情节等感受到不同的情绪及情感。可使同学们在电影中学到一些人生道理。作为一名当代大学生，应该多思考，激发自己积极、奋发向上的精神，展现新时代青年的阳光风貌。

二、活动主题

欣赏电影，思考人生。

三、活动形式

观看电影。

四、资料准备

（一）物资准备

准备活动所需用品、拍摄设备。

（二）参考资料

1. 班会策划，https：//wenku. baidu. com/view/947a9004084c2e3f5727a5e9856a561252d321c6. html?_wkts_ =1681453209945

2. 励志电影，https：//www. diyifanwen. com/lizhi/lizhidianying/517333. htm

五、组织实施

（一）活动准备

1. 召开班委会，确定活动主题及开展形式，明确班委分工，具体分工如下：

（1）文体委员：担任主持人，负责宣讲团日活动的目的与意义，活跃现场气氛。

（2）纪律委员：制定签到表，负责签到事项。

（3）宣传委员：负责拍照、记录，撰写新闻稿。

（4）生活委员：申请场地及物资准备，活动后场地清洁。

（5）班长：负责活动过程具体策划。

（6）团支书：主持分享环节，进行活动总结。

2. 班委提前搜集多部正能量电影，标明该电影的主题与思想意义并整理成文档，再由同学们投票选出活动当天观看的电影，下载选定的电影。

3. 明确活动的时间及地点并发布消息通知同学准时参加；做好活动宣传，调动同学参与积极性。

4. 申请多媒体课室（或是小礼堂、音乐厅），活动当天班干部提前进入课室进行布置，调好光线及电影声音。

（二）活动过程

1. 纪律委员做好签到工作、人员缺勤记录。

2. 主持人介绍到场嘉宾及本次班会主题，讲解活动流程及其相关事项，并宣布活动正式开始（注意要活跃气氛）。

3. 组织同学们认真观看电影，现场保持安静；文体委员负责对活动现场进行拍照、录像等。

4. 电影结束后，请每位同学现场写下影评，选 4 位同学做简短分享（注意分享时间），此时主持人要注意调动同学们的讨论积极性。

（三）活动结束

1. 班长对本次班会活动进行点评与总结，让每位同学写一份感想，可包括电影的哪一情节或角色让自己最有感触、电影带给自己的启示、是否会推荐该电影给他人观看等。

2. 活动结束后，全体成员合照留念。

3. 生活委员组织同学打扫课室，各人产生的垃圾自行带走。

（四）学生反馈

“此次看电影的活动让我们感悟到更多道理”，有学生说道。电影的每一个精彩情节都将同学们的热情推向高潮，每一位同学都抱着好奇和兴奋的心情观看电影，不仅让其释放了压力，更是从电影中思考着自己的人生，激发同学们积极、奋发向上。

六、活动总结

1. 本次团日活动主题贴近实际，因此每位同学的积极性都很高。

2. 同学们可以通过电影联系自己的生活，从电影角色、情节等感受到不同的情绪及情感，引发自己的思考。

3. 本次活动中各班委合作默契，分工明确，体现了班级的凝聚力，也充分展示了团支部的作用以及各班委的组织领导能力。

4. 同学们对于这种形式的活动兴趣浓厚，今后的班会活动中可多采取此类较为放松的形式，使同学们在轻松氛围中思考得更多，学习得更多。

“让爱在指尖传情　让情在心中永驻”班级手语比赛

一、活动主旨

本活动主旨为丰富大学艺术文化生活，彰显当代大学生的精神风貌，增进人与人之间的交流、增强班级凝聚力，营造积极向上、健康文明的校园文化氛围，为学生提供锻炼自我、展示自我的平台。

二、活动主题

让爱在指尖传情，让情在心中永驻。

三、活动形式

以宿舍为单位开展手语展示、歌唱比赛。

四、资料准备

（一）物资准备

准备班旗、奖状证书、奖品、卡纸、宣传海报，申请多媒体课室。

（二）参考资料

1. 班歌的歌曲，http：// www. 360doc. com/content/17/1118/22/48258785_705119718. shtml

2. 「跟文峰学手语」初学者应该知道的十大基础手语，https：// tv. 360kan. com/player?id = 66cb0c8bf67e12a4f14497bbc62e9666&q = % E6% 89% 8B% E8% AF% AD% E6% AF% 94% E8% B5% 9B&src = result – like&srcg = result – like

五、组织实施

（一）策划工作

团支书负责召开班团干部会议，下达活动人员具体工作安排：

宣传委员负责制作活动海报，撰写新闻报道；

生活委员负责申请桌椅（4 张桌子 +35 张椅子），邀请嘉宾、评委，制作荣誉证书、打印比赛的评分表；

学习委员负责确认各小组上传的参赛名称、参赛音乐及参赛口号；

实践委员负责比赛顺序抽签工作，并安排好比赛出场顺序；

班长负责确定1名主持人，确定活动流程并制作PPT、撰写公众号推文；

实践委员和宣传委员负责制定比赛评分规则和奖项设置。

（二）参赛要求

1. 比赛团队以宿舍为单位参加，宿舍所有成员都必须参加，用手语的形式唱班歌，演唱的班歌内容须积极向上、富有正能量。

2. 成员可自行组队，最低不少于3人，选择参赛歌曲和制定口号。

3. 各参赛小组尽量保持服装统一。

4. 各参赛小组需要提前上报参赛人数、口号和上传伴奏音乐，班委进行审核，确保各团队选择不同的歌曲。

5. 各组参赛人员在规定时间到场，每少一人扣10分，确保各参赛小组出席人员能准时到场。

6. 各组在活动开始以后必须保持安静，无特殊情况不可随意走动（作为评分标准一部分）。

（三）活动过程

1. 活动前准备。

（1）申请多媒体课室作为活动场地，全体班委检查活动现场的麦克风、音响、电脑并进行试影、试音，确保所有仪器能正常运作。

（2）全体班委进行比赛现场的布置，活动开始前30分钟要布置好现场。

（3）学习委员负责各参赛队伍签到。

（4）班长安排座位，引导嘉宾入座。

（5）实践委员分发统计评分表。

2. 比赛过程。

（1）主持人介绍活动的意义、出席本次活动的嘉宾、比赛规则，并宣布比赛开始。

（2）第一批次上场（3个小组），进行统分。

（3）中场休息，有奖竞答环节。

（4）第2批次上场（4个小组），进行统分。

（5）公布各小组最终成绩，进行颁奖环节。

（6）邀请评委老师进行点评，主持人宣布活动结束。

（四）后期工作

（1）各小组拍照留念、班委清扫活动现场。

（2）团支书、班长召开班委会对本次活动进行总结，整理活动的照片和视频材料；班委对其他班的班委进行经验分享和指导。

六、活动总结

手语与口语一样重要，它是聋哑人进行日常交流的重要方式，通过开展班级手语展示，能够强化同学们对生活在无声世界中群体的关注和关爱；认识手语和手语展示的意义，激发学生热爱生活、热爱生命。通过手语比赛形式，促使同学们掌握一些基本的常用手语，便于同学们从事志愿者服务工作以及日常生活中与聋哑人的交流，也提高了班级同学团队协作能力，加强班级凝聚力和向心力。

附：手语比赛评分表

评分标准	评分	备注
节目衔接是否默契（20分）		
手语是否整齐有力（20分）		
声音是否洪亮整齐（10分）		
衣着是否整齐得体（10分）		
演唱歌曲是否新颖（10分）		
舞台效果（10分）		
团队精神面貌（10分）		
团队口号（10分）		
总分（100分）		

“追随知识步伐　紧握就业之舵”就业政策知识大赛

一、活动主旨

活动旨在促进大学生对创业就业知识的理解，让其深入了解国家针对大学生就业创业的相关优惠政策及就业发展形势；提高同学们的就业知识和就业能力，强化同学们的就业法律意识，为将来的就业提供理论基础和实践技能。同时进一步丰富校园文化，发挥大学生的想象力和创造力，全面提高大学生的综合素质和职业素养。

二、活动主题

追随知识步伐，紧握就业之舵。

三、活动形式

政策宣讲、知识竞赛。

四、资料准备

（一）物资准备

收集相关资料、试题库，申请多媒体课室，准备奖状证书、话筒，制作 PPT。

（二）参考资料

1. 就业政策知识竞赛题库，https://max.book118.com/html/2021/0716/8061142132003121.shtm

2. 就业政策解读（二）三支一扶，https://www.bilibili.com/video/av895785673/

3. 毕业生就业政策题库，https://wenku.so.com/d/880884aff62e12b86376737a33a2511c

五、组织实施

（一）活动准备

1. 确定人员分工：

（1）团支书、班长负责活动的整体策划、邀请评委、总结汇报。

（2）文体委员负责比赛活动主持、互动环节设计工作。

（3）生活委员负责购买物资、申请课室和相关物资。

（4）宣传委员开展活动宣传、组织同学报名。

（5）学习委员组织全体班委进行试题收集、筛选和整理，建立试题库，邀请老师进行指导，确保试题的保密性。

2. 注意事项：

（1）要详细查阅多方面的文献资料和文件，关于大学生就业的题库内容涵盖多方面，需做详细分类整理，大致可以分：国家省市的文件政策、法律文件、基层就业（三支一扶、西部计划、大学生村官专题）通知、自主创业、退伍军人就业政策、就业援助政策等。

（2）参与试题筛选和整理的班委要进行回避，不得参与竞赛，确保比赛的公平公正。

（二）活动过程

1. 班级初赛：个人通过线上答题。

本次活动分为选拔赛和决赛，比赛以宿舍为单位进行，选拔赛先由个人通过线上答题进行，决赛以宿舍为单位进行团队参加。

活动形式：全体同学在易班APP上进行线上答题，工作人员在后台统计数据，以宿舍为单位，统计每组获得总分，按照分数高低进行排序，并选取8组进入班级决赛。[试卷题型及分数：单选题10道（4分/题），判断题10道（4分/题），简答题2道（10分/题）答题时间60分钟，总分100分]

2. 班级决赛：现场竞答。

通过初赛遴选8组决赛队伍，每组自选队长、自定队名、自拟口号。评委由班级辅导员、就业指导老师和学院领导担任，评出一、二、三等团体奖和个人奖。

参赛形式：本活动分为四个阶段

第一阶段：独闯奇关（各组必答题）——选择题（单选/多选），每组选出一名选手2题（单选、多选各一题），每题2分，答题时间不超过10秒，答对一题加2分，答错不扣分。每位选手按编号轮流回答（例如，甲队2号、乙队2号、丙队2号），不允许讨论。

第二阶段：争分夺秒（团队抢答题）——选择题/判断题，每题3分，共10题，答对一题3分，每题的答题总时间不能超过10秒，答错不扣分。如果选手答题出现错误，主持人可选择观众作答，答对者可获精美礼品一份。

第三阶段：知识陷阱（团队互选题）——选择题＋问答题，各有一道题，分为 8 套题，每队一套题。由各参赛队轮流选题指定其他任意参赛队回答。若选手答不出可以求助本队的智囊团，选手答对一道选择题加 2 分，答对一道简答题加 10 分。每人的答题时间为选择题不超过 10 秒，问答题不超过 30 秒。

第四阶段：共渡险关（团队必答题）——风险题（简答题），共 8 道题，每队随机抽选 1 道题进行案例分析，在规定时间内作答完毕，由评委老师评分。

3．点评。

邀请评委老师对本次活动进行点评，指出需要改进完善的地方，并对获奖学生进行颁奖；邀请获奖学生上台分享比赛心得。

六、活动总结

通过本次活动，进一步加深对就业政策的了解，提高了学生就业的知识面。活动采用竞赛形式，激发学生参与的积极性，营造一种你追我赶的竞争氛围。个人初赛重点突出个人素质和能力提升，为学生未来就业奠定坚实基础；团队决赛提升宿舍同学的团队协作精神，维系宿友的良好友谊。

“凝聚力量　团结进步”主题班级活动

一、活动主旨

由于高校上课地点不固定等多个因素，班级作为凝聚同学们的作用逐渐被削弱，特别是高职院校的学制较短，更是需要通过组织班级多样活动，加强同学之间的了解，让同学们更直观地认识自己，更开放地释放自己，让每个人都能更好地融入集体；增强同学们的责任感与集体观念，团结一心，共同进步。

二、活动主题

凝聚力量，团结进步。

三、活动形式

游戏互动、分享感悟。

四、资料准备

（一）物资准备

制作横幅，准备互动游戏道具，购买活动所需用品（食品和饮料等）和小礼品，申请拍摄设备。

（二）参考资料

1. 体验式班集体凝聚力建设主题班会，https://m.v.qq.com/z/msite/play-short/index.html?cid=&vid=e038117b376&share_from=

2. 班会视频参考资料，https://nd.mbd.baidu.com/r/n1UZbik9eo?f=cp&u=e95b40830793186e；https://mi.mbd.baidu.com/r/n1V5GCCpJ6?f=cp&u=b44af12bd8e55d4

五、组织实施

（一）前期准备

1. 召开班委会，讨论当前班集体建设存在的主要问题，强调开展班级凝聚力提升的必要性和紧迫性，商讨活动主题及开展形式，确定活动时间、地点，明确人员分工，相关班委完成该活动的策划书、工作安排。

2．向辅导员或班主任报告活动设计和安排，并请其给予指导和支持。

3．各班委对最终方案的细节进行讨论，并发布通知，重点是发动问题宿舍和平时较为内向、不愿与人交往的同学积极参与。

4．购置活动所需物资，申请课室和活动设备。

（二）活动过程

1．活动开始。本次活动由团支书和班长联合主持，介绍活动背景和意义，重点指出班集体中出现的主要问题，引发大家深思。

2．介绍活动流程，提醒大家要做好热身运动，确保安全。

3．进入游戏环节，进行抽签组队。

（1）你画我猜：由组织委员负责游戏环节，组织同学们分组进行，每5人一组，每组15道题，5分钟内猜对题目最多组则为获胜组，获胜组每位成员都可获礼品一份。该游戏主要是考验同学之间的默契程度。

游戏规则为：每组随机选一组题目，第一个人面对大屏幕，其他人背向屏幕，该人通过动作将所看到的词条表演给第二个人看，以此类推，由最后一个人说出答案，第二道题目时，最后一人变为第一个人，以此类推；答题时，每组第一个人最多过滤两个词条，表演动作者不许出声，其他人不得提示。

（2）牵引游戏：先由班委进行场地布置，设置一些障碍物，再分组进行，每2人一组进行游戏。该游戏主要是考验同学们的信任程度。

游戏规则为：两人一组，如A跟B，A用眼罩蒙住眼睛，将手交给B，B以自己的方式带领A越过障碍物，可以选择口述注意事项，如，“向前走……转左或转右……前面有障碍物……”也可拍一拍对方的腿提醒对方前面有障碍物，牵引A顺利到达终点。

4．分享心得。邀请两组游戏中表现较好和表现较差的团队进行分享，谈谈参与活动的体验感受。

5．对获奖团队进行颁奖，对本次活动进行总结。

（三）活动后期

1．按照工作分工，由相关班委收集本次活动过程的视频、材料，编辑整理后制作班级活动剪影加以保存。撰写新闻报道并在微信公众号发布。

2．召开班委会对本次活动进行总结，强化活动取得的成效，建立提升班级凝聚力活动的常态化机制。

六、活动总结

本次主题班会的顺利举行并取得了预期效果，离不开班委们前期对班级情况地深入调查，使得班级活动的组织形式更加具有针对性和有效性。在游戏互动的团队组建中要特别注意到那些与同学关系不佳的学生，有计划地安排他们在同一个小组，通过大家一起活动，促使其打消之前存在的误解。通过参与活动，让同学们认识到同学友谊和集体归属感来之不易，需要每个同学尽心尽力去维护。

“回忆大学点滴　延续同学情谊”主题班会

一、活动主旨

在毕业离校前举办主题班会，为同学们提供了回顾大学生学习生活成长过程的机会，让他们分享自己的成就和收获，互相交流和聆听彼此的故事，共同回忆珍贵的瞬间。让同学们感受到班级大家庭的温暖和浓厚的情谊，加深彼此之间的友谊，更好地鼓励每位毕业生继续追求梦想，在未来的人生道路上取得更多成就。

二、活动主题

回忆大学点滴，延续同学情谊。

三、活动形式

观看回忆录，分享心得。

四、资料准备

（一）物资准备

制作横幅，准备互动游戏道具，购买活动所需用品（食品和饮料等）、小礼品，申请拍摄设备。

（二）参考资料

1. 大学回忆——班级篇　vlog3（不负青春毕业视频），https://www.bilibili.com/video/BV1Nf4y1R76c/

2. 旅酒学院优秀班集体——旅游管理（专升本）2106 班纪实，http://lvyou.sanyau.edu.cn/?article/10319.html

五、组织实施

（一）准备工作

1. 团支书组织班委开会，商讨活动主题，确定活动时间、地点，明确人员分工。

2. 咨询意见，确定方案。

各班委讨论活动方案的细节，并向辅导员和班主任咨询，确定活动方案和形式。

3. 活动宣传，制作回忆录。

做好前期宣传工作，收集同学们在大学时期最令自己感动的人或事，收集班级集体活动照片（入学、军训、班会等活动照片），该视频在活动当天进行展示。

回忆录要求：

①素材要求：必须主题鲜明、内容纯洁，体现积极向上，可包括同学们对大学生活的感想感言，自己平时在学校拍摄的照片、视频等，也可包括班集体所有同学在过去参加过的学校或学院的活动照片等。

②制作要求：一般要求整个视频的时间不得多于10分钟，视频制作可添加背景音乐、旁白、底片设计、GIF照片等。

③制作人员：宣传委员负责本班回忆录视频制作，可安排同学对回忆录素材进行收集及整理，安排班里其他的制作短视频小能手进行协助。

4. 购买活动物资。

生活委员负责购买活动所需物品，并将费用在班里公布。

5. 告知学生着装要求及考勤。

班委发布通知，告知同学们着装要求，不得缺勤，如有特殊原因需请假，请提前告知学习委员。

（二）活动过程

1. 活动开始。

班长介绍到场嘉宾以及活动背景、目的，做感恩话语开场白，呼吁同学们感恩遇见，珍惜情谊，宣布活动开始。

2. 观看回忆录。

组织同学们认真观看回忆录，相关班委维持现场秩序。

3. “互换角色”扮演。

选取回忆录中出现的人物或者事迹片段，组织故事主人公进行角色互换扮演，加深对美好故事的回忆。

4. 敞开心扉谈疑惑。

在做好前期工作情况下，组织在参与集体活动、志愿服务中获奖的同学谈感悟和收获；组织平时不爱发言、不爱与人交往的同学上台对入学以来班级对自己的影响进行回顾，并谈感受体会；发动之前对班集体活动或对某些同学有抱怨、有摩擦的同学上台畅谈心中想法。在活动中，鼓励大家畅所欲言、无所不言、直言不讳。

5. 分享心得。

同学可上台向同学们分享自己的观看心得，班委鼓励同学们积极上台发言，若没有同学主动上台，则由班委随机按座号挑选 2 到 3 位同学进行心得分享。

（三）活动结束

1. 团支书和班长对本次活动进行点评与总结，呼吁同学们感恩遇见，感谢情谊，珍惜彼此接下来一起度过的大学时光。

2. 活动结束后全体人员合照留念，生活委员组织同学们对课室进行清洁。

3. 学习委员收集同学们对本次活动的心得、体会及活动意见，并整理成文档；整理活动照片、视频及同学们的心得、体会并撰写新闻稿。

六、活动总结

通过“回忆大学点滴，延续同学情谊”班级主题班会，同学们不仅度过了一个难忘的时刻，还感受到班级大家庭的温暖和凝聚力。更重要的是，他们在回顾过去大学生活中收获了感动，在相互鼓励和祝福中迈向了新的人生征程，为实现梦想鼓劲加油。这将成为他们成长道路上宝贵经历，为未来人生之旅注入正能量。

"归来话成就"社会实践活动交流主题班会

一、活动主旨

大学生社会实践活动是学校开展实践教育的重要组成部分，利用寒假/暑假参加社会实践，到开学初，班级组织开展"归来话成就"社会实践活动交流活动，发动参加实践的同学讲述在实践活动的亲身经历，向班级展示他们的经验和收获，有助于培养学生实践能力，提升其综合素质。

二、活动主题

归来话成就。

三、活动形式

分享、展示。

四、资料准备

（一）物资准备

购买维修工具和常用材料、制作横幅和海报、申请帐篷等物资。

（二）参考资料

1. "寒假归来话实践"主题班会策划书，https://www.diyifanwen.com/fanwen/bjhdchs/2657392.htm

2. 寒假归来话实践团日活动总结，https://doc.xuehai.net/b776669d08020e6734fcac2f2.html

五、组织实施

（一）活动准备

1. 发动同学参与社会实践活动。假期前，召开班级会议，强调学院假期社会实践主题，鼓励同学们积极参与。同时，对实践结束后将开展班级汇报事项做详细要求，提醒同学们在实践中做好记录，及时收集好相关活动照片和视频材料。

2. 明确社会实践总结汇报的主题。开学后第一周，召开班委会，确定具体流程、活动形式和人员分工。发布通知，提醒参与社会实践的个人或者团队做好展示材料准备。

3. 团支书和班长收集、整理假期本班级同学参与实践活动的材料，为对班级开展社会实践交流活动总体汇报做好准备。

（二）活动展示

1. 团支书担任本次主题团日活动的主持人，介绍本次交流活动的流程，汇报班级假期社会实践活动整体情况（参与人数、实践地、主要实践类型、总体成效等）。

2. 参与暑期社会实践活动的同学上台讲述自己在实践活动过程中的经历和感悟，同学们在听的过程中适时提问一些细节性问题，使得成员的讲述更加丰富，互动效果更好。

在此环节中，实践成员通过展示 PPT 或者播放视频，讲述自己在暑期实践的主题、取得的成效和实践经历。讲述人包括参与学院组织的“三下乡”活动、自己组队下乡进行调研、在假期到与所学专业相关各个岗位做兼职的人员（交流汇报中既要有个人，也要有团队，实践类型尽量多样化，如参与乡村振兴、开展社情调研、支教支农支医等）。

3. 邀请辅导员或班主任对本次社会实践活动交流会进行点评，提出改进意见。

（三）后期工作

1. 参与队员根据社会实践活动评比方案撰写个人实践项目总结，并参加学院和学校社会实践活动优秀项目、先进个人和团体的评选。

2. 宣传委员整理本次交流活动的素材，撰写新闻稿，通过微信公众号发布。

六、活动总结

团日活动较为全面地展示了社会实践形式的多样性，通过参与队员讲述自己的实践故事和经验总结、展示实践成果，促进同学们相互学习、交流。激发了同学们积极投身社会实践，在实践中感悟人生价值和大学生在社会中的担当，发扬不怕吃苦的精神，努力将在社会实践中学到的新东西融入学校生活中，使自己的大学生活更丰富。

“责任在肩　立誓为公”
——班级干部任职宣誓仪式及岗前培训

一、活动主旨

班级干部队伍是班级建设的核心力量，对班集体管理的健康、活力、提升起着关键作用，影响深远。做好班级干部的选拔、考察任用、组织培训、业务指导、考核监督等每个环节的工作，意义重大。开展新生班级干部的任职宣誓仪式，进一步强化学生干部自我监督和接受大众监督的意识。

二、活动主题

责任在肩，立誓为公。

三、活动形式

举行入职宣誓仪式、培训讲座。

四、资料准备

（一）物资准备

制作横幅和海报、准备物资。

（二）参考资料

外语外贸学院举行2021级班级干部入职宣誓仪式暨岗前培训，https://www.gtcfla.edu.cn/info/1059/39934.htm

五、组织实施

（一）活动准备

1. 确定活动时间和流程：请示指导老师，确定活动的时间和流程。
2. 邀请出席活动领导嘉宾：与负责的老师沟通，邀请出席领导和嘉宾。
3. 布置活动场地：申请会议厅或大讲堂，确保讲台有较大空间；悬挂团旗。
4. 制作活动PPT：提前收集班委团队合照，根据会议流程制作PPT。
5. 邀请老师做岗前培训：与辅导员沟通，提出培训计划，并邀请培训老师。

6. 活动彩排：检查展示 PPT 设备、音响设备，班干部代表上台宣誓彩排。

（二）活动展示

1. 第一阶段：入职宣誓仪式。

（1）全体起立奏国歌。

（2）主持人介绍到会领导、老师，并介绍活动背景和意义。

（3）负责老师宣读班级干部名单，大屏幕依次展示出各班班委风采。

（4）举行班级干部入职宣誓仪式。

请全体班干部代表上台，请其他同学起立，助理班主任起立监督；请领导和老师移步到台前右侧，接受班级干部的宣言与承诺。请×××同学领誓：

我宣誓：

我将严格遵守国家法律，履行公民义务，遵守校纪校规，尊敬师长，诚实守信，勤奋好学，做好学生本分。

从这一刻起，我将恪尽职守，勇于担当，做老师们的可靠助手；率先垂范，甘于奉献，为同学们做引领示范。坚定立场，服务同学，维护大局，做新时代合格班级干部。

宣誓人：×××

（5）请学院领导讲话。

2. 第二阶段：举行班干部岗前培训。

（1）专题一：班干部培训与经验分享（主讲人：×××老师）。

（2）专题二：班级干部的工作艺术与技巧（主讲人：×××老师）。

（3）专题三：学生干部常见心理压力与心理调适（主讲人：×××老师）。

（三）活动后期

采访班级干部参加完宣誓仪式和岗前培训后的体会，撰写新闻稿，通过微信公众号等进行宣传。

六、活动总结

班级是学校的基层集体，作为一个集体就必须要有一个坚强的核心，必须有一个功能完备的组织机构。班干部是老师们的得力助手，在做好班级工作的同时也协调着同学之间的关系；他们是班级活动的组织者和引领者，在班集体中为同学服务。班干部任职宣誓仪式这个创新做法可以强化班级干部的责任意识，提升政治素养、业务水平和能力，使其更有担当、有责任，更能带好头、做好表率。

“学生寝室文化建设展示”班会

一、活动主旨

寝室是大学生学习生活的重要场所，是同学们加强交流学习、加深感情的“小家”，地位重要，影响深远。建设“宜居、宜学”寝室是发挥大学生自我教育和管理的主要阵地；建设积极健康向上的寝室文化对大学生成长成才和校园文化建设有着举足轻重的作用。随着寝室各个同学思想、性格和价值观的不断融合，每个寝室都会形成各具特色的文化氛围。以宿舍为单位，组织开展寝室文化建设展示主题活动，可引导同学们共同打造健康向上、美丽和谐的寝室，使寝室成为学生维系情感和培育健康身心的成长摇篮。

二、活动主题

建设双宜寝室，加强文化育人。

三、活动形式

以评比形式展示寝室文化。

四、资料准备

（一）物资准备

准备奖状和卡纸、物资，购买奖品，制作横幅和海报。

（二）参考资料

1. 宿舍文化展示，https：//www. bilibili. com/video/BV1Gt41127bB/?spm_id_from =333. 788. recommend_more_video. -1

2. 宿舍文化风采展示，https：//haokan. baidu. com/v?vid =17145614971781882685

3. 精品创意寝室文化节优秀宿舍评选PPT模板，https：//www. bilibili. com/video/av986526292/

五、组织实施

（一）活动准备

1. 召开班委会和寝室长会议，商讨活动方案细化工作。

2. 制定活动通知，做好活动宣传，发动各寝室成员积极参与、认真准备。

3. 制定评比细则，邀请评委老师（辅导员、班主任或助理班主任）。

4. 收集寝室矛盾常见的案例并进行整理。

（二）活动展示

活动评比分汇报展示、卫生检查、寝室关系展示、才艺展示等。

1. 寝室建设汇报展示（占 20%）。

寝室长代表所在寝舍进行汇报，介绍寝室成员基本情况，可用 PPT 形式展示，展示日常文化建设情况及成效。汇报时间不超 5 分钟。

2. 一起来“找茬”（占 20%）。

内容：采取更为有趣的卫生情况检查方式，安排两名评委（可以是学长）进入参赛寝室进行环境设置比赛，设置内容为 5 处“不同”（物品摆放不符合卫生管理条例的要求），并用手机拍照留证。参赛宿舍安排一名成员寻找不符合卫生管理条例要求的物品摆放，1 处 1 分。若找出 5 处“不同”，即记下所用时长，用时短的排名靠前。（注意：参赛寝室在活动开始之前收好贵重物品和隐私物品）

3.“家庭”矛盾（占 20%）。

提前设置关于几个寝室关系问题的场景片段为展示内容，如，寝室成员作息不同，发生矛盾如何解决；寝室值日安排发生冲突如何解决；寝室成员互相排挤，关系处理不好如何解决；怀疑寝室成员偷窃等。参赛寝室根据抽签方式进行情景演示，并提出解决方案。该环节既要考验寝室成员的表演能力，也要展示出当寝室关系出现问题时的处理能力。

4.“你知我知”（占 20%）。

内容：寝室成员默契度大考问。每个寝室选取两名代表，由评委提供题目，内容包括寝室成员信息、爱好、偶像、生活方面信息等，随机提问两位舍友，两人同时作答并展示答题板。共 10 道题目，两人答内容基本一致得 10 分，满分为 100 分，由记分员记录分数。

5. 才艺展示（占 20%）。

考验每个寝室成员的才艺表演，参赛寝室只能派出一名代表，可以展示各方面的特长，如唱歌、跳舞、魔术、剪纸、绘画、书法等，无法现场展示的内容可提供视频展示。

6. 总结表彰。

根据对上述 5 个部分的展示进行评分，评选优秀寝室 1 个。根据各展示部分，可评选出单项奖，如和谐寝室、才艺寝室等，评优秀寝室的寝室长为“最美寝室长”。根据评比细则，对上述寝室进行颁奖，给予一定奖励。邀请评委老师进行活动点评，并提出改进意见。

（三）活动后期

1. 宣传委员收集、整理活动展示的照片和视频，撰写新闻稿。

2. 编辑制作各个宿舍展示视频，通过微信公众号进行展示。

3. 根据本次寝室文化展示活动，就本班寝室存在的各种问题反馈到各寝室，由寝室长组织寝室会议，进一步完善寝室公约，提升寝室文化建设新高度。

六、活动总结

开展形式多样的寝室展示活动，获得了同学们的认可，调动了同学们的参与积极性和主动性，也使同学们意识到寝室建设的重要性。提高了寝室生活质量和文化建设，加强了寝室成员间的凝聚力，对学生营造和谐的寝室生活氛围，促进各个寝室间、寝室内部成员间的沟通交流起到重要作用。

通过活动宣传推广，其他班级也开始效仿借鉴，开展了寝室的评选活动，营造了良好的校园文化氛围。

“大学生创新创业竞赛经验”交流分享会

一、活动主旨

近年来，国家大力支持高校大学生创新创业能力的培养，定期举办“挑战杯”全国大学生课外学术科技作品竞赛、“创青春”全国大学生创业大赛、“互联网＋”大学生创新创业大赛等，鼓励大学生们利用所学专业学习、提升创新意识和创业能力。通过交流分享会的形式鼓励同学们多参与、多实践，去体验创新创业的过程，同时会上老师对同学们学术和创新创业竞赛方面进行知识指导，向大家介绍各项赛事的主旨、流程，解决大家存在的问题，对同学们创新创业起到一定的帮助。

二、活动主题

青春，因挑战而精彩。

三、活动形式

竞赛交流分享。

四、资料准备

（一）物资准备

搜集以往竞赛活动案例和素材、制作横幅和海报。

（二）参考资料

1. 创新创业大赛：互联网＋挑战杯金奖 & 优秀项目获得者经验分享视频回看，https://www.bilibili.com/video/av519926368/

2. 主题班会‖我院召开第八届“互联网＋”大学生创新创业大赛，https://mp.weixin.qq.com/s?__biz=MzI0NjI5MTIxOQ==&mid=2247533954&idx=1&sn=82317eb67c6c26a9535fbc67120febec&chksm=e9438bfede3402e8e564e91cbb3ecb93b0693334e8b8703dc31cf30414a472a1c7a784366588&scene=27

五、组织实施

（一）活动准备

1. 确定主题。围绕近期的具体赛事，确定分享交流会的主题。

2. 召开班委会议。讨论本次交流分享会活动的具体方案，确定交流会的时间、地点，拟邀请指导老师、已获得大赛奖项的同学、创新创业指导部门负责人，并进行人员分工。

3. 做好沟通工作。一是筹备人员要及时与指导老师沟通；二是及时与同学们沟通，提前思考，整理要参与的项目，方便交流会上直接向导师请教自己的困惑。

4. 根据指导老师和获奖同学能参加的时间进一步确认时间、地点，及时通知同学们按时参加。

（二）活动流程

1. 介绍竞赛交流分享会举办的意义。主持人介绍本次分享会主题，介绍参会指导老师和嘉宾。

2. 获奖团队代表分享自己的参赛体验以及赛后感想，并提出参加赛事准备的建议。

3. 师生互动，解决学生困惑。邀请指导老师详细介绍各种创新创业赛事的参赛要求与注意事项，对大赛的评选细则、选题方向和赛事准备做专题宣讲和解读，并对大家提出的问题进行详细解答。

4. 集中观看往届赛事获奖情况和优秀团队作品展示。

5. 团支部书记对本次分享会进行总结，鼓励大家积极参加各类竞赛活动。

6. 活动结束前，班长收集同学们对参加竞赛的疑惑和问题，为开展竞赛培训活动做好准备。

六、活动总结

班级团支部通过举办创新创业竞赛交流分享会，加强了同学们创新创业的意识，开拓了同学们在专业学习 + 创新创业的思路和视野；搭建了促进师生之间交流的渠道和平台。通过交流分享会的形式让同学们也认识到参赛团队的合作精神，增强同学们团队合作精神，有效激发了团支部的活力，提升了团组织的凝聚力和影响力。

大学生素质教育户外拓展活动

一、活动主旨

由于以往的团日活动往往局限于室内，形式比较简单、严肃，即使有丰富的内容也难以营造出真正轻松的氛围。为了让同学们更好地放松心情，在轻松的氛围下最大限度地发挥自身的才能，此次团日活动将在户外以游戏的形式开展，让同学们在丰富、有趣味的游戏中提高处理问题和团结协作的能力。

二、活动主题

携手同行，在体验中成长。

三、活动形式

户外拓展，互动游戏。

四、资料准备

（一）物资准备

购买卡纸、基本医疗物资、活动小奖品。

（二）参考资料

1. 13个体育锻炼小游戏，https://tv.sohu.com/v/dXMvMzM1OTQyMjYwLzEzNDQ4NzcyNS5zaHRtbA==.html

2. 大学生户外素质拓展游戏，https://ishare.iask.sina.com.cn/f/18Wgz3Pmn-Rr.html

五、组织实施

（一）前期准备

1. 确定时间地点：团支书提前确定好时间、地点，然后通知全班同学。

2. 班委开会：讨论团日活动所要进行的游戏，确定游戏及游戏规则。

3. 素材准备：根据活动中游戏的需要，准备好成语卡片，生活委员负责采购奖品。

4. 申请活动场地。

（二）活动过程

1. 主持人介绍到场嘉宾，并介绍活动主题、活动内容。

2. 主持人通知同学按学号进行分组，全班分成 6 个组，每组 5 个人，一共 5 个小游戏（5 个人轮流当队长）。组织组员参与游戏，取好组名，并选出每个不同游戏的队长。

3. 明确每个小组的队员以及各个不同游戏的队长。

4. 活动开始（可以邀请嘉宾一起游戏，负责人组织好每一个游戏的游戏流程，并记录各组得分，最后累积得分最多的三组分别获冠、亚、季军）。

（二）活动展示

1. 游戏一：成语接龙。每个组派出两个人进行抢答，由主持人说出第一个成语，然后各组抢答，抢答最快的人所在组获 1 分，累积分数最多的一组获胜。

（为了确保能够准确快速地答出问题，需要队长明白每一位成员的能力，选择在这方面具有优势的队员，这一环节的内容能够考验队长的观察能力）

2. 游戏二：123 看这边。

（1）6 个组两两对战，一组为出题者，另一组为挑战者，通过“石头、剪刀、布”猜拳决定哪组作为出题者。

（2）两组人面对面地分别排成一个竖排，两个组的组员两两比拼。作为出题者一组的组员，用手迅速地指向一个方向（左右上下），并且说“123 看这边”，然后挑战者必须看向和出题人所指不一样的方向，否则就被淘汰，最后剩下人数最多的一组获胜。

（这一环节考验队员的反应能力与逆向思维能力，队长需要选择在这方面有优势的队员，并且为了让每个队员都能够参与到比赛中，所以需要进行一定的取舍，这一环节考验队长的决断能力）

3. 游戏三：心有灵犀。

（1）每个组派出 4 个人，两人负责猜，两人负责做动作，两两面对面地站着，猜的人后边举起一个词组。

（2）做动作的两人可以用手势做出动作，或者用其他句子来形容，另外两个人负责猜词语。

（3）负责比画的人不能说出包含所猜的词中的任何一个字（读音相同亦不可），不能说拼音或英文单词。

（4）最后在规定时间内猜对最多的小组获胜。

（这一环节考验队员之间的沟通协作能力，如果在练习时缺乏有效的交流，在比赛过程中一定会出现各种问题，而队长就需要在这方面下一番功夫，使整个队成员具有高效的沟通能力）

4. 游戏四：快乐传真。

（1）每个组按一字型排列，是胸对背的一字型排列。

（2）第一个人面向主持人或者出题人，其余人向后转，背向第一个人。

（3）第一个人看主持人给的题目（一般是成语，方便用肢体展示的词语）。

（4）看完后，主持人收起题目，第一个人拍第二个人肩膀示意让其转身。第一个人通过肢体语言，把刚刚看到的词语的含义表示出来，然后第二个人根据自己的理解同样通过肢体语言传递给第三个人。以此类推，传到该组最后一个人时，这个人需要说出该词语。

（5）比赛过程中不得以语言或口形提示。最后能准确说出词语的小组获胜。

（这一环节考验的是队员的表达能力与理解能力，两种能力在日常的学习中以及日后的工作中都有着至关重要的作用，这也需要队长在练习的过程中与队员进行积极的探讨）

5. 游戏五：数字炸弹。

（1）每个组派出一个人，在 0 ~ 99 的数字中，参与者每人写一个数字在纸团里，完成后，由主持人随机抽取一个纸团，定为数字炸弹，然后参与者轮流喊出数字，如果喊出的数字跟抽取的纸团上的数字一样，则“炸弹爆炸”，这个人就被淘汰。

（2）以此类推，剩下的人开始新一轮游戏，最后剩下的人所在的小组获胜。

（这一环节没有特殊的制胜手段，参加的同学只管尽情地放松即可）

6. 邀请两位同学发言，谈谈他们对此次活动的感想。统计各项目得分，并进行颁奖。

六、活动总结

本次户外拓展活动形式新颖，内容丰富，班上每一位同学都能参与到各个游戏当中，且都很享受活动的每个环节，大家在团队中共同协作，体会到了竞争与合作的重要性。活动以游戏的形式开展，让同学们身心得到放松，并了解竞争与合作的重要性和乐趣、了解领导力的重要性，同时增加了班级凝聚力。

推进“班团一体化”建设主题活动

一、活动主旨

班团组织是大学生学习和生活的重要组织形式，良好的班级文化氛围对于大学生成长成才有着重要影响。班级管理制度的健全和规范是高职院校组织建设的关键，按照《关于深化实施基层团支部“活力提升工程”的指导意见》，改革支部成员构成与班委会成员一体化统筹设置、探索实行班长兼任团支部副书记，团支部和班委会一体运行、协同工作机制，能加强班团组织建设，提升基层组织活力。

二、活动主题

“班团一体化”建设。

三、活动形式

制定班规、班干部入职宣誓。

四、资料准备

（一）物资准备

准备团旗、班旗，制作横幅、海报，申请拍摄设备。

（二）参考资料

1. 习近平：青年要自觉践行社会主义核心价值观，http://politics.people.com.cn/n/2014/0505/c1001-24973097.html

2. 班级管理制度参考，https://wenku.baidu.com/view/ba599c74be23482fb4da4caa.html

五、组织实施

（一）活动前期准备

1. 团支书召开班级会议，讨论相关活动方案，制定班级规章制度，实现班团一体化。

2．提前发布公告，让同学们集思广益，班委收取意见并整理。

3．投票选出6名班规起草成员，成立班规起草小组（班级干部和普通同学各3名）。

（二）活动过程

1．奏国歌、团歌，重温入团誓言。

全体支部成员共同学习共青团团章的有关知识、重温入团誓词。激发团员身份感知，增强支部成员的归属感、责任感和使命感。

2．班干部宣誓。

（1）每位班干部上台介绍自己职位的职能，向同学们讲述自己的心得体会和对未来工作的想法。

（2）全体班干部集体宣誓，团支书领誓。

我宣誓：

为了班级荣誉和同学团结，我将遵守校纪班规，无私奉献、任劳任怨，做好班级管理工作。时刻牢记班委的工作使命，严格要求自己，规范言行。在各个方面做好同学的榜样，与班委其他同学团结协作，认真工作，争做优秀班级干部。

宣誓人：×××

通过举办宣誓仪式，强化班级干部的责任心。

3．制定班级规章制度。

（1）团支书提前两星期发布公告，让同学们思考，就班级奖惩制度、班委管理制度、班级日常管理制度、班级财务制度、班级寝室管理制度等方面展开讨论，班规起草小组收集讨论结果和意见，撰写班级规章制度，提交给辅导员、班主任进行审核。

（2）组织班会，邀请辅导员和班主任参加，展示和解读班规，在全体同学的见证下通过班规。

（3）组织全体同学在班规上签字，遵守相关规定。

班训：青春无畏　逐梦扬威　自强不息　永不言败

目标：团结　向上　自信　自强

4．举行拓展活动。

创建班级微信公众号、微博等新媒体平台，宣传分享班级活动情况。鼓励同学们多参加校园文化活动、社会实践活动，促进学风建设和学生学习的各项活动，积极营造自觉学习、友好竞争、互帮互助、共同进步的良好氛围，努力创建学习型团支部。

六、活动总结

通过此次活动，有了具体可行的班级规章制度，规范了同学们的行为，倡导了良好的习惯和操行，达到激励和鞭策同学们的目的，同时形成了健康良好的班风学风。通过本次活动，同学们对推进“班团一体化”的工作理念表示认可，认可班干部的付出。在新的工作理念推动下，团组织、班级组织的凝聚力将会进一步提高。

第六篇

专业特色班级活动

“讲学习　促进步”主题班会

一、活动主旨

当前不少大学生对自己专业学习不扎实，不愿意花时间去钻研，也有些同学对所学专业不感兴趣，导致后续缺乏学习动力和信心。为激发学生专业学习兴趣，班里开展合作学习小组，开展趣味学习活动，让同学相互帮扶，有针对性、个性化地帮助学习有困难的同学查漏补缺，掌握科学的学习方法，争取让每一位同学都有所进步，形成良好的班风学风。

二、活动主题

讲学习、促进步。

三、活动形式

经验分享、开展趣味学习活动。

四、资料准备

（一）物资准备

购买专业辅导材料、小奖品。

（二）参考资料

“教学相长，互帮互助”——电智学院开展 2021 级学业互助活动，https：//mp. weixin. qq. com/s?__biz = MzIyMjEwMjYxMA = = &mid = 2653551081&idx = 3& sn = 54a7362925050929a4ba3efc25ad1d3d&chksm = f3efccd4c49845c229f216f039fdc32c0918beb850d56d1d1695f6dbbe33902c3440678f5006&scene = 27

五、组织实施

（一）前期工作

1. 分析班里学风存在的不足，邀请老师给予指导，确定学习计划。
2. 调查了解学生的学习情况，制定学习帮扶对象名单。

3. 分配工作任务，明确人员职责。

4. 加强宣传，购买所需物资。

（二）活动流程

1. 举行专业课学习经验讨论会。

邀请优秀的同学分享经验与学习“诀窍”，给学习困难的同学解决疑问、巩固知识点，使其提高学习效率。

2. 邀请进步之星分享学习经验。

期中考试后，邀请近期成绩获得明显进步的同学进行经验分享，让成绩不理想的同学借鉴成绩进步同学提供的方法，总结经验，弥补自身的不足。

3. 邀请专业课老师答疑解惑。

邀请专任教师从专业角度为同学们解答理论及实践等方面的疑惑，让同学更好地掌握知识，学以致用。

4. 成立学习合作小组。

通过相约自习，一起复习、回顾所学知识，以每日一讲、每日一练及学习资料分享等方式提高同学们学习效率和积极性。对重点需要帮助的同学给予更多关怀。对已形成学习合作的小组做跟踪记录，关注其动态。小组间每月分享其所开展活动，学期末评比进步情况，进步快的给予奖励。

5. 开展趣味性学习活动。开展读书交流暨知识竞赛，以赛促学，引导同学们树立好学之风。

（三）后期工作

1. 整理活动记录，并对优秀以及进步明显的同学进行表彰。

2. 团支书做好资料存档，保留活动成果。

3. 宣传委员与组织委员做好后期宣传工作。

六、活动总结

自开展学习促进活动以来，班里总体上学习氛围有了较大转变，大家刻苦认真，个别宿舍还出现“内卷”，形成你追我赶的良性学习态势。在上一学年有挂科记录的同学能够认真完成课程任务，并最终通过考试。通过本活动，了解到每个同学的学习和接受能力各不相同，因而在制订学习计划时因人而异，进行差异化帮扶。

“声随影动——Watch your voice”英语配音比赛

一、活动主旨

在全球化日益加剧的当代，英语学习听、说、读、写四大部分中“说”显得尤为重要。正确的发音与自然的语调是理解别人语言与表达自己思想的关键，而趣味学习又是提高效果的主要因素。随着国外影视大量流入中国，其中的台词、人物的塑造，不仅给同学们带来了乐趣，还给同学带来了学习英语的兴趣，我们可以以内容丰富多彩的配音比赛为契机，让大家循序渐进地提高口语能力。

二、活动主题

英语配音。

三、活动形式

英语配音比赛。

四、资料准备

（一）物资准备

布置场地，准备用品、拍摄设备。

（二）参考资料

1. 《迪士尼公主》配音，https://b23.tv/WSsqlji
2. 《疯狂动物城》配音，https://b23.tv/s9fkC9t

五、组织实施

（一）活动要求

1. 参赛者要遵守比赛规则，否则取消其比赛资格。
2. 参赛者在比赛中发音要标准，感情丰富，富有感染力，肢体语言适当，可以对影片的动作、表情进行模仿、创新。
3. 参赛组人数规定在5人以内。

4. 影片片段时长规定在 5 ~8 分钟，如超时，评委酌情给分。

5. 参赛者在比赛前需要提前准备好配音片段，并将影片消音。

（二）活动准备

1. 团支书撰写方案，并与班委商议，经老师审核确定方案。

2. 班长、宣委转发通知，将具体比赛详情传达给同学们。

3. 报名：参赛队伍将报名表、已消音的配音片段发送到团支书邮箱。

4. 生活委员提前准备物资并申请场地（多媒体课室、小礼堂或音乐厅），整合预算。

5. 学习委员收集报名表并进行审核。

6. 邀请 5 位老师当评委。

（三）活动流程

1. 提前建微信群，通知参赛队伍进群，确认信息并进行抽签确定各队表演顺序。

2. 主持人讲开场白并介绍评委。

3. 主持人宣布比赛规则。

4. 比赛开始：各团队按抽签顺序依次进行表演，评委依据表演情况进行评分；学习委员以 5 个团队一轮收取评分表，做好计分工作。

5. 表演结束，主持人宣布晋级名单并做出比赛总结。

6. 宣传委员对活动资料进行整理，撰写新闻稿，在微信公众号发布。

六、活动总结

本次活动总体来说取得了较大的成功，参赛选手十分投入，深入到自己角色的演绎当中。活动感染了在场的每个观众，大家纷纷表示，将秉持初心，后面会继续举办此类配音比赛，争取能策划出形式更为多样的比赛来调动同学们的学习积极性。

“实践出真知　掌握新技能”计算机专业服务主题活动

一、活动主旨

计算机专业学生班级发挥专业优势，定期在校园内开展计算机知识宣讲会、电脑义务维修、C语言程序设计大赛、趣味打字大赛、计算机基础知识竞赛、微信推文制作、文档处理等一系列活动，一方面能通过实践提升同学们的专业技能和实践能力，另一方面引导其他专业学生了解移动互联网、人工智能大数据、云计算等新技术，进而学习计算机基础知识和日常运用能力。激发了广大学生参加校园科技文化活动的热情，同时丰富校园文化生活。

二、活动主题

实践出真知，掌握新技能。

三、活动形式

宣讲、义务维修、竞赛。

四、资料准备

（一）物资准备

购买维修工具和常用材料、制作横幅和海报、准备帐篷等物资。

（二）参考资料

一站到底计算机知识竞赛，https：//m. v. qq. com/z/msite/play - short/index. html?cid = &vid = t0868jc57ap&share_from =

五、组织实施

（一）活动准备

1．确定活动项目。根据以往活动开展情况，结合活动的覆盖面和影响力，确定可面向全体同学的计算机知识宣讲会、电脑义务维修、趣味打字大赛、计算机基础知识竞赛、海报视频制作大赛等一系列以科技创新为主题的活动。

2. 制定活动总体方案和系列活动实施计划。

3. 通过多种形式加强活动宣传，准备活动材料。

4. 确定各个系列活动的时间和地点，申请活动场地。

（二）活动过程

1. 举办 C 程序设计大赛。

该活动有助于计算机程序设计普及与宣传，给广大学生在计算机 C 程序设计方面有特长的同学提供展示才能的舞台，培养其创新思维和利用计算机分析、解决实际问题的能力。

2. 开展电脑信息安全宣传活动。

电脑已成为我们学习生活中必不可少的工具，我们通过展示电脑常见的各类病毒的侵蚀、误操作、文件丢失、数据破坏、系统瘫痪等问题，提醒同学们学会电脑日常维护、使用杀毒软件和信息保护等技能。

3. 举办计算机基础知识竞赛。

面向非计算机专业同学举办计算机基础知识竞赛，通过竞赛方式使更多的同学掌握计算机、网络及相关信息技术的基础知识，提高同学们的信息技术素养，为将来应用计算机技术解决自己专业的实际问题打下坚实基础。

4. 举办趣味打字比赛。

用趣味式打字比赛能较大程度地吸引同学们参与，在比准、比快中锻炼了同学们运用计算机书写和编辑文档的能力。

5. 微信推文制作培训。

工作人员发挥专业优势，面向各班级、社团的宣传委员或有兴趣的同学开展图文编辑、视频编辑、版面设计等制作技能的专题培训，系统性地加强同学们在开展微信推文宣传和制作中所需的技术培训。

（三）后期工作

1. 宣传委员整理活动的照片和视频，编辑推文，在院系和学校微信公众号上推送，扩大活动的影响力。

2. 班委对本次活动的策划、组织进行总结，提出完善意见，并就此类活动的常态化进行规划。

六、活动总结

通过举办学生喜闻乐见的竞赛、宣讲等生动有趣的活动，使同学们感受到科技的魅力，增长科技文化知识，并提升自身的科技创新能力；也调动了同学们参加校园文化活动的热情，在丰富了校园文化生活的同时提升了校园文化活动品质。

室内设计专业竞赛分享会

一、活动主旨

通过邀请往届获奖团队进行经验分享，让学生了解有关专业竞赛知识，同时提高专业素养；也拓宽学生反映问题、表达困惑的有益渠道；在交流中懂得专业竞赛的价值和意义，通过以赛促学、以赛促建，更好地提升同学们的专业技术能力和水平。

二、活动主题

以赛促学，提升专业技能。

三、活动形式

大赛经验分享、互动交流。

四、资料准备

（一）物资准备

购买书籍材料、制作横幅和海报、申请拍摄设备。

（二）参考资料

1. 适合大学生的室内设计竞赛/小众高含金量/环境艺术设计必知竞赛，https：//www. bilibili. com/video/av287918149/

2. 江苏经贸职业技术学院：艺术设计学院举办技能月活动，https：//haokan. baidu. com/v?pd = wisenatural&vid = 7832421946196977458

五、组织实施

（一）活动准备

活动前，团支部需要提前做好以下几项工作：

1. 确定主题。围绕同学们关心的比赛问题等进行调研，确定论坛会主题，预估参与人员的范围及数量。

2．部署工作。召开班委会议，研究活动流程、时间、地点，邀请发言人，以及确定宣传范围、参加人员、设备道具等，并及时下发通知。

（二）活动流程

1．介绍室内设计竞赛。

可由相关老师或参赛学长详细介绍室内设计竞赛的内容、参赛方式、前期准备工作、活动方式以及活动开展以来的情况。

2．往届参赛团队负责人介绍参赛前期的准备工作。

邀请参加过竞赛的学长介绍参加比赛的前期准备工作，并回顾参加比赛的经历和体会。

3．现场学生提问。

依次请与会同学就相关问题现场提问。需要注意的是，有时候学生们的提问不可能面面俱到，一些需要学生了解的信息，比如参赛形式、团队人数、注意事项等，如果学生提问问题不明确，可事先准备几个有代表性、标志性的问题安排学生代表进行“补位式”提问，以确保取得更好的活动效果。

4．邀请与会有关教师现场解答说明，工作人员做好记录。

5．主持人进行分享会总结。

（三）后期工作

1．宣传委员整理活动照片和视频，编辑推文，在院系和学校微信公众号推送，扩大活动影响力。

2．班委对本次活动的策划、组织进行总结，提出完善意见，并就此类活动的常态化进行规划。

六、活动总结

室内设计竞赛分享会自实施以来，受到了广泛的好评。使同学们参加竞赛的热情高涨，也提升了基层团组织的凝聚力和影响力。活动的顺利开展，极大地提高了室内设计专业班级的学术氛围，为学生参加社会实践活动以及专业竞赛活动做好了充分的铺垫和前期准备。

“义务维修　服务他人”实践活动

一、活动主旨

发挥计算机专业优势，在校园内面向师生开展义务维修志愿服务活动是提升学生专业技术能力的一次实践活动，也是开展劳动教育和感恩教育的一个途径。通过深入校园、社区，学生将课上所学知识运用到生活中，服务他人，提升自我，增加社会实践工作经历和人生阅历。

二、活动主题

义务维修，服务他人。

三、活动形式

志愿服务。

四、资料准备

（一）物资准备

购买维修工具和常用材料、制作横幅和海报、申请帐篷等物资。

（二）参考资料

1. 工学院开展校园义务维修活动，https://gongxue.jxau.edu.cn/98/5a/c9328a104538/page.htm

2. 校园义务维修宣传片，https://v.youku.com/v_show/id_XNjQ3MzQ4NDM2.html

五、组织实施

（一）活动准备

活动前，班级需要提前做好以下几项工作：

1. 活动宣传。张贴海报，并在学校微信公众号进行宣传，让有计算机维修需求的师生提前了解活动时间，以便及时来到现场进行咨询。

2. 现场布置。申请场地，做好维修工具、桌凳、帐篷、条幅、物资登记表等用品布置。

3. 人员安排。做好人员分工，提前安排好现场值班人员进行登记、咨询、宣传摄影、维修等工作（利用中午课间或者周末时间）。

（二）活动流程

1. 负责接待的工作人员需记录好送电脑到维修现场用户的姓名、联系方式和地址，以便及时联系和送还。对台式机和打印机等不方便送到现场、需要进行上门维修的用户进行登记。

2. 由维修经验丰富的同学在现场进行维修工作（拆机、重装系统、解决各种系统故障），对于现场无法解决的问题可安排其他时间进行维修。

3. 根据登记情况，维修人员到老师的办公室或宿舍进行电脑维修和打印机连接等工作。

4. 对把电脑送至现场的报修者，在维修之后及时联系机主送还电脑，并让报修者对本次维修服务进行评价。

5. 现场安排人员围绕计算机日常维护、系统安装程序、信息安全等进行专题宣讲。

6. 对于一些计算机问题超出维修范围或者工作人员维修能力的，应及时与计算机用户沟通，说明原因，也可以请教专业老师进行指导，协助解决。

7. 对于在维修中需要更换配件等问题，及时告知计算机用户购买配件的渠道和大致价格，并由计算机用户自己决定是否继续维修和更换配件。

（三）后期工作

1. 宣传委员整理活动照片和视频，编辑推文，在学校微信公众号推送，扩大活动影响力。

2. 班委对本次活动的策划、组织进行总结，提出完善意见，并就此类活动的常态化进行规划。

六、活动总结

在维修过程中，同学们能够增强专业知识；既服务了广大师生，又增强了学生理论与实践相结合的能力。同学们纷纷表示，这是一次生动而具体的关于奉献精神和服务意识的课堂。

在登记和修缮的过程中，师生们的认可和赞扬给予了志愿队员们最大的安慰和鼓励，使他们更进一步认同“劳动光荣、技能宝贵”的理念。

“展礼仪风采　秀天使之姿”医护礼仪比赛

一、活动主旨

在5月12日国际护士节来临之际，开展以医护礼仪大赛这样的技能大赛，可为护理专业学生：检验同学们是否熟悉待患诊护工作规范；增强管理人员责任意识，端正医护管理服务态度，树立医护工作人员光辉形象。

二、活动主题

展礼仪风采，秀天使之姿。

三、活动形式

医护礼仪比赛。

四、资料准备

（一）物资准备

制作横幅、海报和荣誉证书，申请拍摄设备，购买奖品。

（二）参考资料

护理礼仪培训，https：//mbd. baidu. com/newspage/data/videoshare?nid = sv_15428361079304860024&source = search&tpl = search

五、组织实施

（一）前期准备

1. 团支书撰写方案，并与班委商议，经老师审核，确定方案。
2. 宣传：发布推文，班长、宣委转发比赛通知等。
3. 报名方式：参赛队伍将报名表发送到团支书邮箱。
4. 生活委员提前准备物资与申请场地，整合预算。
5. 学习委员收集报名表，并进行整理审核。
6. 组织委员租借活动设备和道具。

7. 邀请比赛主持人、评委导师、嘉宾、领导。

（二）活动流程

1. 主持人进场，讲开场白，宣布活动开始。

2. 嘉宾讲述南丁格尔事迹，并带领大家宣读南丁格尔誓言。

3. 进行技能操作和现场互动。

①同学进行无菌操作和急救演示（如溺水、休克）。

②老师指出演示中的错误、点评、纠正。

4. 技能比赛结束后，同学表演与护士事迹相关的情景剧。

5. 班级进行集体礼仪展示。

6. 指导老师总结发言，并对优秀者颁发奖状。

7. 主持人宣布活动结束，工作人员清理场地。

8. 班级同学进行活动总结，编写相关新闻稿在学校相关平台发布。

（三）后期工作

1. 宣传委员把活动照片、视频进行整理，编辑护理礼仪培训小视频，并通过班级、院系微信公众号进行推送，进一步扩大活动影响力。

2. 班委继续邀请专任教师对本次参赛获奖队伍进行指导完善，并报名参加学院相关专业比赛。

六、活动总结

护理礼仪是护理工作的重要组成部分，通过比赛也可以将理论化为实践，激励同学们努力学习、掌握技能。此次活动是一个良好的开端，希望以此次活动为契机，促进护理专业的同学提升服务理念，为未来走上就业岗位练就扎实的基本功。

“我的专业　我代言”主题班会

一、活动主旨

进一步增强同学们对外语类专业学习的热情和认同，激发学生学好本专业的动力，让同学们了解行业将来的发展方向及就业前景，明确就业方向，提升职业生涯规划能力。

二、活动主题

我的专业，我代言。

三、活动形式

进行视频展示、经典影视作品配音、经典外文朗诵竞赛。

四、资料准备

（一）物资准备

准备卡纸、签字笔、奖状证书、话筒、小礼品。

（二）参考资料

外国礼仪常识介绍，http://www.ruiwen.com/liyichangshi/1067663.html；http://www.doc88.com/p-318742626122.html

五、组织实施

（一）活动准备

1. 团支书召开班级会议，讨论相关活动计划，确定活动流程和比赛规则。

2. 申请场地；提前准备好活动所需物品，生活委员将其登记在册。

3. 做好人员分工，划分负责区域。具体分工如下：

（1）团支书负责整个活动统筹，制定比赛形式和规则的策划，邀请学院专任教师担任评委。

（2）班长负责协调团支书做好活动管理工作。

（3）组宣委员和实践委员设计宣传海报、发布公告，积极邀请学院相关专业同学前来观摩，并负责引领参赛同学熟悉比赛流程，将活动在校园网主页、易班 APP 等平台发布。

（4）生活委员负责人员考勤以及后勤工作。

（二）活动展示

1. 比赛伊始，主持人进行开场白，介绍出席嘉宾以及本次比赛的流程与规则和奖项设置。

2. 选手们依次上台自我介绍，通过具有专业特色的视频作品展示、经典影视作品配音、朗诵经典外文片段、戏剧表演及歌曲演唱等方式展示所学专业知识。

3. 开展“国际礼仪知识”有奖竞答环节，由现场观众抢答，答对者可获得小礼品一份。

4. 比赛结束后，邀请评委老师进行点评，评选出一、二、三等奖并举行颁奖仪式，由工作人员送上精美小礼品。

六、活动总结

本次活动为同学们提供了一次充分展示外语专业风采和魅力的平台，多种形式的展示环节让学习变得生动有趣，提升了学生的专业技能，激发了同学们热爱专业、学好专业、宣传专业的热情。相互比拼的专业学习主题活动营造出了你追我赶的学习氛围，促进了班风建设。

冬奥英语伴我行——学习冬奥英语系列活动

一、活动主旨

在我国承办冬奥综合性国际体育大赛的重要时期，组织开展“冬奥英语伴我行”专项学习活动，能提升同学们的专业技能，形成互帮互助的良好学习氛围。

二、活动主题

冬奥英语伴我行。

三、活动形式

情景模拟、沙龙、唱歌、互动游戏。

四、资料准备

（一）物资准备

购买教材，准备奖状证书、话筒。

（二）参考资料

亚运英语读本，https://baike.so.com/doc/9992159-10339921.html

五、组织实施

（一）活动准备

1. 班长召开班委会议，确定人员分工，查找冬季奥运会相关资料。
2. 复印学习资料，申请多媒体教室、物资。
3. 以3人为一组，每组负责一次授课，集中备课，组织好课堂活动。
4. 邀请高年级学生或专任老师（外语和体育老师）参与指导。

（二）活动过程

利用每个星期五晚上，外语类专业学生开展冬奥常用英语交流互动，进行情景模拟；指导有兴趣同学唱英文经典歌曲、举行英语交流互动游戏。

1. 情景模拟：通过扮演冬奥会运动员和志愿者两个角色，在休息室、检录处、运动场、食堂等场地进行情景模拟，开展外文（英语、日语、西班牙语和韩语等）交流。

2. 互动游戏：用游戏竞猜方式熟记运动专业名称翻译、国际礼仪用词等。

3. 演唱歌曲：通过演唱经典英文歌曲，加强语感训练。

（三）活动总结

1. 每次活动结束后，工作人员要对场地进行清洁。

2. 各组要对所学的内容进行梳理和巩固，针对专业组和非专业组制订下一步外语学习计划。

3. 小语种班级之间可以进行交流互动，增进友谊。

六、活动总结

以小组为单位，通过小组人员的共同努力完成任务，增强同学们学习外语的热情，促进同学们互帮互助，共同学习进步；营造了良好的学习氛围，增进同学之间感情。

师范生“三笔一话”专业技能比赛

一、活动主旨

写一笔好字及讲一口流利标准的普通话，是每个大学生文化素养的展现与青春魅力的彰显，是师范类专业学生必备的基本职业技能。举办师范生“三笔一话”（钢笔、毛笔、粉笔、普通话）专业技能比赛旨在可更好地传承师范生培养“勤教力学，为人师表”的优良传统；为同学们提供一个全面展示自我，展示专业技能水平的舞台。

二、活动主题

提高技能，展现自我。

三、活动形式

进行竞赛或展示。

四、资料准备

（一）物资准备

制作横幅和海报，准备粉笔、粉笔擦，购买奖品。

（二）参考资料

三笔字规范字演示，https://www.ixigua.com/6573779318021816846?wid_try=1

五、组织实施

（一）活动准备

1. 召开班委会，按照学院每年举办的“三笔一话”比赛要求，制定班级选拔赛方案；确定主题、活动形式和人员具体分工。

2. 细化评选细则，活动分两个阶段：第一阶段，毛笔和钢笔，采取提交作品形式；第二阶段，钢笔和普通话现场展示。

3. 发布通知，动员全体同学参加，提前告知同学做好准备。

4. 邀请专任老师担任评委。

5. 申请场地、购置相关物资和资料准备。

（二）人员具体分工

1. 团支书和班长负责撰写活动方案，做好活动统筹工作，邀请5位评委老师。

2. 组织委员负责活动第一阶段比赛作品，并提前交由评委老师打分。

3. 学习委员制作花名册和比赛成绩登记表，打印第一阶段成绩。

4. 宣传委员拍摄和扫描学生作品，撰写活动新闻报道。

5. 提前邀请评委对第二阶段的竞赛出题，试题现场公布。

（三）活动过程

1. 主持人介绍活动意义，通报前期准备情况，并介绍比赛细则和要求。

2. 工作人员通过打印小纸条，发放每个同学第一阶段的比赛成绩。

毛笔、钢笔类：每个学生事先写好作品，提前由专业评委进行评分。

作品要求：钢笔类作品要自备钢笔、方格纸，书写内容自定，不写题目和标点，写满一页方格纸即可。毛笔类作品要自备毛笔、墨汁、宣纸，书写内容自定。

3. 进行第二阶段的粉笔字比赛。发放粉笔字书写试题，按照抽签顺序，每4人一组上讲台进行书写，评委现场评分。

4. 观看师范生“三笔一话”省赛作品展示，工作人员统计每位同学“三笔”的分数，并公布前6名参赛选手名单进入普通话比赛环节。

5. 进行第二阶段的普通话比赛。发放普通话比赛材料，6名参赛选手按照抽签顺序依次上台，评委现场评分。

6. 工作人员统计6名同学“三笔一话”的总成绩，公布一等奖1名，二等奖2名，三等奖3名，并根据各科目成绩评出4个单项奖。主持人邀请评委老师进行颁奖并做点评。

（四）活动后期

1. 班委对优秀作品进行收集整理，通过班级和学院微信公众号进行展示。

2. 组织获奖同学参加学院师范生“三笔一话”比赛，邀请专任教师进行指导，强化训练。

六、活动总结

通过活动，同学们对未来走向教师这个神圣岗位感到无比骄傲，认识到作为一名人民教师需要练就“写好字、讲好普通话”必备基本技能的重要性和必要性。活动以竞赛方式进行，激发同学们敢于挑战、争取优秀的学习动力，促进班风的建设。

“展现语言魅力　提升专业技能”
班级即兴演讲比赛

一、活动主旨

作为汉语国际教育专业学生，不仅需要有扎实的汉语言专业基础知识，还需要具备过硬的语言表达和演讲能力。即兴演讲是一项考验思考辩论、口才表达、语言运用等能力的综合性活动，是一门提升语言专业学习的“必修课”。在临近毕业时段，班级举办即兴演讲比赛，不仅可以锻炼学生语言表达综合能力，还能提高其专业技术能力，是学生就业求职前对专业学习成果的全面检阅。

二、活动主题

展现语言魅力，提升专业技能。

三、活动形式

即兴演讲比赛。

四、资料准备

（一）物资准备

制作横幅和海报、准备计时器和提示铃、购买奖品。

（二）参考资料

1. 即兴演讲－语文组，https：//tv. sohu. com/v/cGwvNTI1MTMyMC81NDcwMjE4MS5zaHRtbA ==. html

2. 中文演讲比赛即兴演讲题目，https：//wenku. so. com/d/607155367f819269d2c084b155363c96

五、组织实施

（一）活动准备

1. 召开班委会，讨论比赛具体细节，邀请评委老师。

2. 参照以往演讲比赛规则，细化本次活动的比赛细则，发布活动通知。

3. 申请场地、制作评分表、购置奖品。

4. 明确人员分工：班长统筹活动全过程，宣传委员负责活动拍照和撰写新闻报道，文体委员负责邀请比赛主持人1名（可外请）；生活委员负责安排计时员、统分员各1名。

（二）比赛要求

1. 演讲内容：要求积极向上，反映大学生良好的精神风貌、能展现语言演讲的魅力。演讲者要具有扎实的语言基础，口头表达能力强，普通话标准。

2. 演讲形式：文体不限，要求脱稿演讲，含思考时间不超过6分钟。

3. 参赛选手：将班级分成4个组，每组必须派出2名选手参赛，共8人。

4. 评委组成：邀请两位评委老师，同时每组选出1名同学做评委，共6名特选评委，其他非参赛选手作为大众评委。

5. 评分规则：比赛设特选评委和大众评委各1组；采用10分制计分，选手所得总分=特选评委总分×80%＋大众评分总分×20%。

（三）活动展示

1. 主持人介绍出席比赛评委和嘉宾，宣读比赛规则。

2. 参赛选手按照抽签顺序依次演讲，每位选手上台抽取题目进行演讲，即兴演讲环节时间不得超过6分钟，工作人员在5分钟时进行提示。

评分细则：

（1）仪表仪态（10%）：姿态自然，着装得体，精神面貌好。

（2）演讲内容（40%）：主题鲜明，用词精练（25%）；内容充实，事例动人，贴近生活，富有鲜明的时代感（15%）。

（3）语言艺术（30%）：普通话标准，表达流利（10%）；节奏处理得当，技巧运用自如（10%）；表现力强，富有感染力，引起共鸣（10%）。

（4）创意设计（20%）：观点新颖，富有内涵（10%）；在主题和内容上设计有创意（10%）。

3. 所有参赛队员结束比赛后，邀请评委老师进行点评、总结。

4. 利用间隙收集并统计每位参赛队员的得分，宣布比赛结果。

5. 评委老师和嘉宾为获胜者颁奖，合影留念。

六、活动总结

即兴演讲是在特定的情境下进行的现场主题演讲，是不凭借文稿来表情达意的交际活动，这种活动不仅需要演讲者要具备良好的口才，还要求演讲者具有一定的学识和思考能力。要求短时间内根据主题整理好演讲思路，并能够声情并茂地表达出来，这正是所学专业的一次检验和风采展现。通过这样的活动不仅能展现同学的个人才华，还能增进同学们之间的情感交流，增强班级凝聚力。

“青春志愿行　共筑中国梦”义务支教活动

一、活动主旨

小学教育专业班级以“青春志愿行，共筑中国梦”为主题开展义务支教活动，旨在进一步倡导同学们弘扬“奉献、友爱、互助、进步”的志愿服务精神，践行社会主义核心价值观，发扬青年学生志愿者服务社会的精神；提升学生专业学习技能的实践能力和综合素质。

二、活动主题

青春志愿行，共筑中国梦。

三、活动形式

下乡支教。

四、资料准备

（一）物资准备

编制讲义、课堂互动游戏道具，制作横幅海报，准备教学用具、拍摄设备。

（二）参考资料

1. 【暑期社会实践】关于短期支教，你知道多少？https://www.bilibili.com/video/BV1eW4y1a7Dn/?spm_id_from=333.788.recommend_more_video.0

2. 《微光》浙江大学材料学院赴广西宜州支教纪录片，https://www.bilibili.com/video/BV11e411u7A4/?spm_id_from=333.788.recommend_more_video.1

3. 【支教纪录片】筑·梦，https://www.bilibili.com/video/BV1LY41167Uo/?spm_id_from=333.788.recommend_more_video.1

4. 纪录片《云端筑梦师》，https://www.bilibili.com/video/BV1pd4y1Z7C8/?spm_id_from=333.788.recommend_more_video.6

五、组织实施

（一）前期工作

1. 召开支部委员和班委会，商讨有关活动的主题和整体策划。

2. 提前与支教所在地负责人确认活动设计和流程。

3. 形成活动总体方案，向学校指导老师报备，申请活动经费。

4. 提前准备好支教活动所需物品。

5. 考察活动地点：

（1）组织部分班委前往支教学校进行实地考察，查看当地环境、交通状况、学校建设和学生学习等情况。

（2）与支教的学校进行交流，表明本次活动的目的及意义，争取所支教学校的支持，并与学校协商支教的内容及活动具体安排。

6. 与学校协商具体内容：

（1）支教地点：××小学。

（2）支教时间：××月××日。

（3）授课年级：×年级。

（4）授课科目：（以创意和效果意义为主，具体形式根据实际情况决定）

语文：诗歌朗诵、讲故事等。

数学：讲数学基础知识、有趣智力题，做数学小游戏等。

英语：介绍中西差异、日常用语等。

文体：举办书画、舞蹈、足球、篮球活动等。

7. 支教形式：计划以分组的形式进行，每组 6 人左右，每组负责一个科目，由支教学校选出一个班级，在本班进行教学或互动游戏，具体事宜与校方商议后再做决定。

（二）活动过程

1. 开班仪式。

（1）主持人作开场词，介绍活动目的和出席活动的嘉宾和领导。

（2）邀请义教学校负责人讲话。

（3）请支教队员代表发言。

（4）团支书代表整个支教队进行授课布置。

2. 课堂授课。

在不影响学校教学秩序的情况下，安排一天时间进行课程授课，课程内容以辅助性或课外辅导性为主，增加课堂学习的趣味性。各小组安排 1 名成员为主讲老师，其他成员协助，并邀请所在学校任课老师听课，进行指导。

3. 课堂总结。

支教队员在每一堂课结束后，对授课情况进行总结，如条件允许，可以向小学生发放调查问卷进行反馈收集，听取到场听课老师的意见。

（三）后期工作

1. 各授课小组进行总结汇报，提出各科目教学的完善建议。

2. 由团支书和班长总结本次义教活动开展情况和存在的不足。

3. 学习委员收集、整理各授课小组参与支教的课件和案例。

4. 宣传委员整理活动照片、视频及同学们的作品、心得体会和活动意见，并撰写新闻稿，编辑微信推文在支教学校和本校微信公众号发布。

（四）注意事项

1. 由于是集体外出活动，务必强化同学们的安全意识，活动中要严肃组织纪律，一切行动听从指挥。

2. 整个义教活动任务较多，设计流程较为繁杂，需要加强同学们的工作责任心，相互协作。

3. 支教团队在设计课程、备课、素材准备、教学过程等各个方面和各个环节都要严格把关教学内容与质量，同时应考虑所教学生不同年级的接受程度和特性。

4. 在活动期间，每位同学都要注意自己的形象、言行举止，时刻以一名人民教师的标准要求自己。

六、活动总结

通过此次支教活动，全体同学了解到组织一次集体性活动的艰辛和不易，认识到团队合作的重要性。在支教中，同学充当一名小学支教老师，深感教师职业的神圣和伟大，更加坚定努力争当一名优秀教师的决心。

以班级为单位，通过全班的共同努力完成任务不仅增强了班级荣誉感，更重要的是，同学们通过此次活动培养了自己的动手能力及组织能力，提高了自身素质，增强了自信心，为社会传递了正能量。

“声随心想——Speak as one pleases”
英语演讲+辩论比赛

一、活动主旨

班级举办英语演讲+辩论比赛旨在鼓励学生发表个人观点、辩证思考，以流利英语表达阐述，培养学生的英语表达能力、思辨能力，同时提升他们的团队合作能力和竞争意识。通过参与辩论，增强学生的自信心和应对挑战的能力；通过英语演讲比赛有助于提升学生的专业素养，为以后职业发展打下坚实基础。

二、活动主题

声随心想——Speak as one pleases。

三、活动形式

演讲和答辩两个环节。

四、资料准备

（一）物资准备

制作横幅和海报、准备计时器和提示铃，购买奖品。

（二）参考资料

1. 稳中带秀！2019 外研社英语演讲大赛冠军，https://b23.tv/DABZJSU
2. 怎么准备英文即兴演讲 & 英文问答？https://b23.tv/0Biff1C

五、组织实施

（一）活动准备

1. 制定方案：按照以往比赛的组织形式，班委商议比赛方案，提交老师审核。
2. 明确分工：组建团队，确定人员分工。
3. 宣传动员：发布具体比赛通知，动员同学积极参加。
4. 组织报名：收集参赛队伍的报名表、已消音的影视片段等资料。

5. 物资购置：组织委员、生活委员提前准备物资，申请场地。

6. 其他工作：邀请比赛主持人和评委。

（二）活动展示

1. 参赛队伍确认信息并抽签确定顺序。

2. 主持人介绍比赛和评委老师。

3. 主持人宣读比赛规则。

4. 按照抽签顺序参赛人员依次上台进行“主题演讲”。

5. “主题演讲”环节结束，进行答辩环节。

6. 主持人宣布比赛结果并合影留念。

7. 邀请评委老师进行点评。

（三）活动后期

1. 活动结束后，召开班委会，班长对本次比赛进行总结，各班委谈组织本次活动的感想。

2. 宣传委员对活动资料进行整理，撰写新闻稿、发布微信推文。

3. 组织委员、生活委员负责场地用品复原，归还拍摄设备。

（四）比赛规则和要求

1. 比赛规则。

（1）竞赛形式。

演讲环节：每位参赛选手以“How to build a good class（如何建设一个好的班集体）”为主题进行演讲。演讲应围绕主题，语言流畅、表达清晰、内容积极，传递正能量，不能透露个人信息，不能涉及商业广告。本环节每位参赛选手用时不能超过3分钟。

答辩环节：在阐述完自己的观点后，评委会对参赛选手的发言提出问题。参赛选手需要理解问题的含义，给予明确、简洁和有条理的回答，并用英语进行答辩。

（2）评分方法。

竞赛分为“主题演讲”和“答辩”两个环节，每个环节均为100分。评委老师和同学们对各个环节分别打分（参与竞赛的同学不参与打分）。参赛选手各环节分数由组织委员核实并交记分员录入计算机，取平均分（小数点后保留两位）。参赛选手的最终成绩为“主题演讲”和“英语答辩”两个环节的累计得分。老师的评分占总体成绩的80%，同学评分占总体成绩的20%。

2. 比赛要求。

（1）参赛选手需提前25分钟到达现场并进行签到。

（2）参赛选手需着装整齐。

（3）演讲加答辩要求控制在8～10分钟，如有超时情况，评委酌情给分。

（4）各位参赛选手需严格按照比赛规则诚信比赛，违者将取消比赛资格。

六、活动总结

本次班级比赛的重要突破就是提高了同学们英语演讲能力及自信心，在这之前，不少同学对上台演讲比较抗拒，成为同学们锻炼英语口语的一道坎。通过比赛，同学们不仅提高了英语口语表达能力，而且通过整理答题思路，用精准词汇阐述观点，提升了思辨能力。